量子力学から学ぶ
一瞬で「なりたい自分」になれる方法

高橋宏和

サンマーク文庫

「はじめに」のはじめに

本書では、世の中の成功法則や成功哲学、
または心理学、脳科学をはじめ、
引き寄せの法則や精神世界など
一般的に「怪しい」とされる世界にまで及ぶ真実を、
「物理学（量子力学）」をアナロジーとして活用し、
解明しております。

へんてこなあいつと出会って
たった半年で、〝ダメダメな僕〟が
理想以上の未来をたぐりよせることになるなんて。
あんな夢やこんな夢を叶えることができるなんて。
これからたっぷりと僕の「奇跡」の軌跡を
綴っていこうと思う。
もし良ければあなたも付き合ってほしい。
そして、あなた自身の人生にも
奇跡のビッグ・バンを起こしてほしい。

僕の名前はヒロ。
10年前の僕は仕事もプライベートもまったくうまくいかず、
ダメダメな人生を過ごす30歳になりたてのサラリーマンだった。

幼なじみからは、「誰のヒーローにもなれずじまいのヒロ」と
からかわれていた。

社会人になってしばらく経っていたけれど、
ガキ大将みたいな上司にはコキ使われる毎日だったし、
いじわるでズル賢い大学の同期とは
年収でだいぶ差ができてしまっていた。
(街中でイヤミなそいつに後ろから声を掛けられた時、
美女を隣に座らせてオープンカーに乗ってたっけな……)

あぁ、そういえば僕のことを知ってもらうためには、
今でも思い出したくない〝あの事件〟にも触れておかないと。
20代の半ば頃、周りが結婚していくのに焦って、
SNSを利用して結婚することになった僕。
まさか「男」の自分がDVの被害に遭うなんてさ。
毎晩のように殴られ、蹴られをくりかえされた僕は、
逃げるようにして家を飛びだした。

夢の結婚生活はたった1年で宇宙の藻屑となったのだ。

そんな僕に人生の転機が訪れるのは、
仕事ができないせいで、終電ギリギリの毎日がつづき、
心も身体もギリギリの状態に陥っていた、ある夜のことだった。

満身創痍で自宅にたどりつき、玄関の扉を開けた僕は
その反作用の力を利用するように、
着の身、着のままで疲れきった身体を床に預けて目を閉じた。

仕事のストレスで眠りが浅かったのだろう。

いつもよりはっきりした夢の中で、

「本当にこのままでいいのだろうか？」

「残りの人生をどう生きたいのだろうか？」

「本当はどうなりたい？」

と自問自答している自分に気がついた。

「どうせ夢の中だし」と気が大きくなった僕は
いつもは表に出せない魂の声を叫んだ。

「幸せになりた〜い!!」

まさかその叫びが本当に僕の人生を変えることになるだなんて。
この時は誰も知らない。
――ただ1人、〝この世のすべて〟を知っている
関西弁のあいつをのぞいては……。

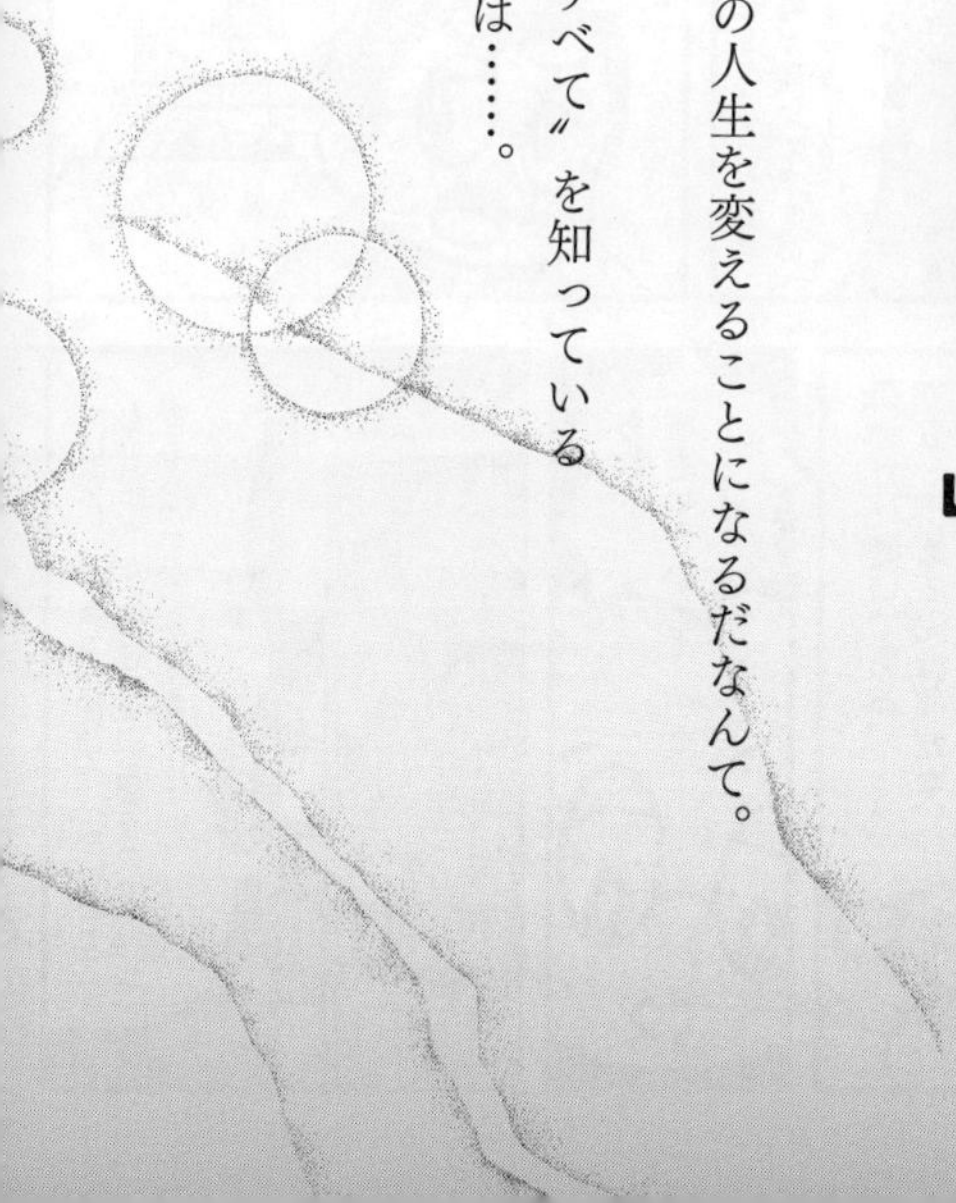

夢の世界で放った魂の叫び。

慣れないことはするもんじゃないみたい。

だって、その叫び声の大きさに、僕自身がびっくりして目を覚ましてしまったからだ。

僕の人生を変えるあいつが届いたのはちょうどその時だった。

ピンポーン
うお！こんな時間に誰だよ!?

夜分遅くにすみませーん。シロネコ宅配便でーす。お荷物が届いてますので、サインいただけますかー？

なになにシロネコ宅配便？　聞いたことないな。てか、人違いだと思うので、帰ってもらっていいですか？

あれ、誰もいない……！

荷物だけ置いてある。でも……あて先は僕だな。とりあえず開けてみるか。

シロネコ

シロネコ
ん？箱の中にまた箱が入ってる……。

しかも何かメッセージが書いてあるぞ？なになに？

〝箱の中身は波かもしれないし、粒かもしれない。猫かもしれないし、犬かもしれない〟

はぁ、なんだよ波とか粒って。っていうか、猫？犬？もしかして捨て猫？

我が家はペット禁制なんですけどー。動物だけは勘弁でーす。

ブー
にしても梱包がやたら頑丈だなぁ。はさみ、はさみっと……中身はなんだ!?

うわっ！ななんだ〜

あっつ～
どーも
猫やけど、こんばんワン！
ワイの名前は叶えもん。
お前の夢を叶えるために、
宇宙からやってきたシュレーディンガーの
猫型エイリアンや。

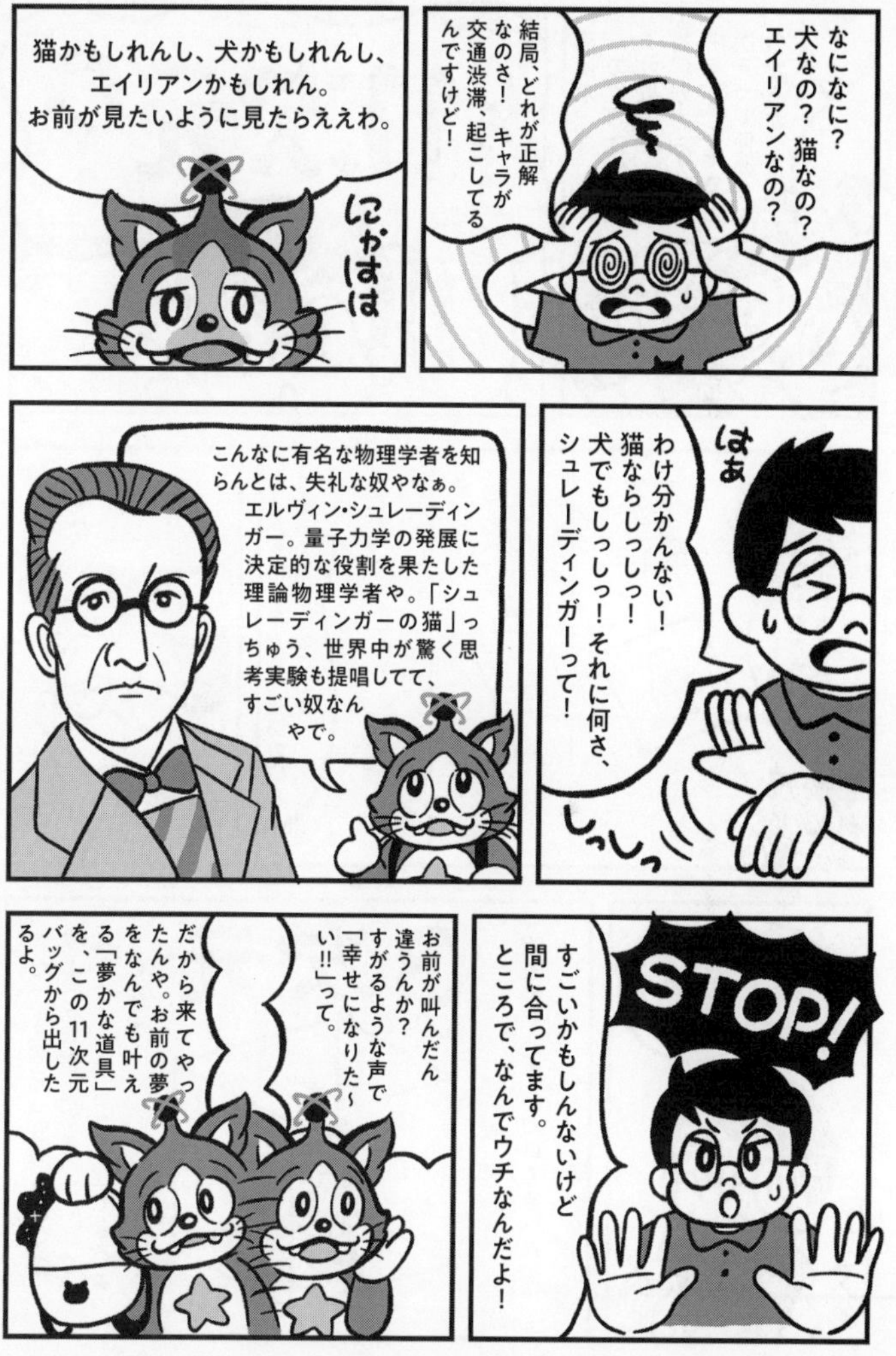
なになに？

犬なの？ 猫なの？

エイリアンなの？

結局、どれが正解なのさ！ キャラが交通渋滞、起こしてるんですけど！

猫かもしれんし、犬かもしれんし、エイリアンかもしれん。お前が見たいように見たらええわ。

にかはは
はぁ
わけ分かんない！ 猫ならしっしっ！ 犬でもしっしっ！ それに何さ、シュレーディンガーって！

しっしっ
こんなに有名な物理学者を知らんとは、失礼な奴やなぁ。エルヴィン・シュレーディンガー。量子力学の発展に決定的な役割を果たした理論物理学者や。「シュレーディンガーの猫」っちゅう、世界中が驚く思考実験も提唱してて、すごい奴なんやで。

STOP!

すごいかもしんないけど間に合ってます。ところで、なんでウチなんだよ！

お前が叫んだん違うんか？ すがるような声で「幸せになりた～い!!」って。

だから来てやったんや。お前の夢をなんでも叶える「夢かな道具」を、この11次元バッグから出したるよ。

ん？11次元？

この世界は3次元じゃ？

実はな、この世界にはそれ以上の世界があるんや。そや、そもそも次元って何か分かるか？

にゃははは
えーと、次元、次元……。

ワイたちが住んでる〝空間の広がりを示す指標〟のことや。

0次元は「点」

1次元は「線」

2次元は「平面」

もちろん身長や体重があるお前たちがここに存在することはできへんよな。

さらに3次元っちゅうのは縦・横・高さで表現する「空間」で、ようやくお前らが存在できるようになる。

3次元
でも動きだすことはできへん。

え？どうして？

時の流れがないからや。そこで登場するのが4次元。空間＋時間で、4次元っちゅうことになる。
4次元
ほんで実はな、この世界には11次元まで存在する！
これはお前らの時代でも量子力学の理論で説明されてるで。
1次元
2次元
3次元
4次元
5次元
6次元
7次元
8次元
9次元
10次元
11次元
りょうしりきがく？それは、〝ちょうしゅうりき〟の親戚でっか？
なんでやねん。プロレスは今、関係ない！量子力学の話や！目に見えないミクロの世界の物理学のこと！
ペシッ
なんか怪しいなぁ……。見えない世界ってスピリチュアルとか宗教のことでしょ？
全然ちゃう！科学分野の1つや！物理学はな、大きく2つに分けることができるんや。
①「古典力学」。目に見えるマクロの世界の自然の法則を探究する学問
②「量子力学」。目に見えない世界の自然のふるまいを探究する学問
要は〝見えない世界の科学〟や。
でも11次元ってどこにあるのさ。どこにも見えないじゃん。
そう、まさに見えない世界にある！

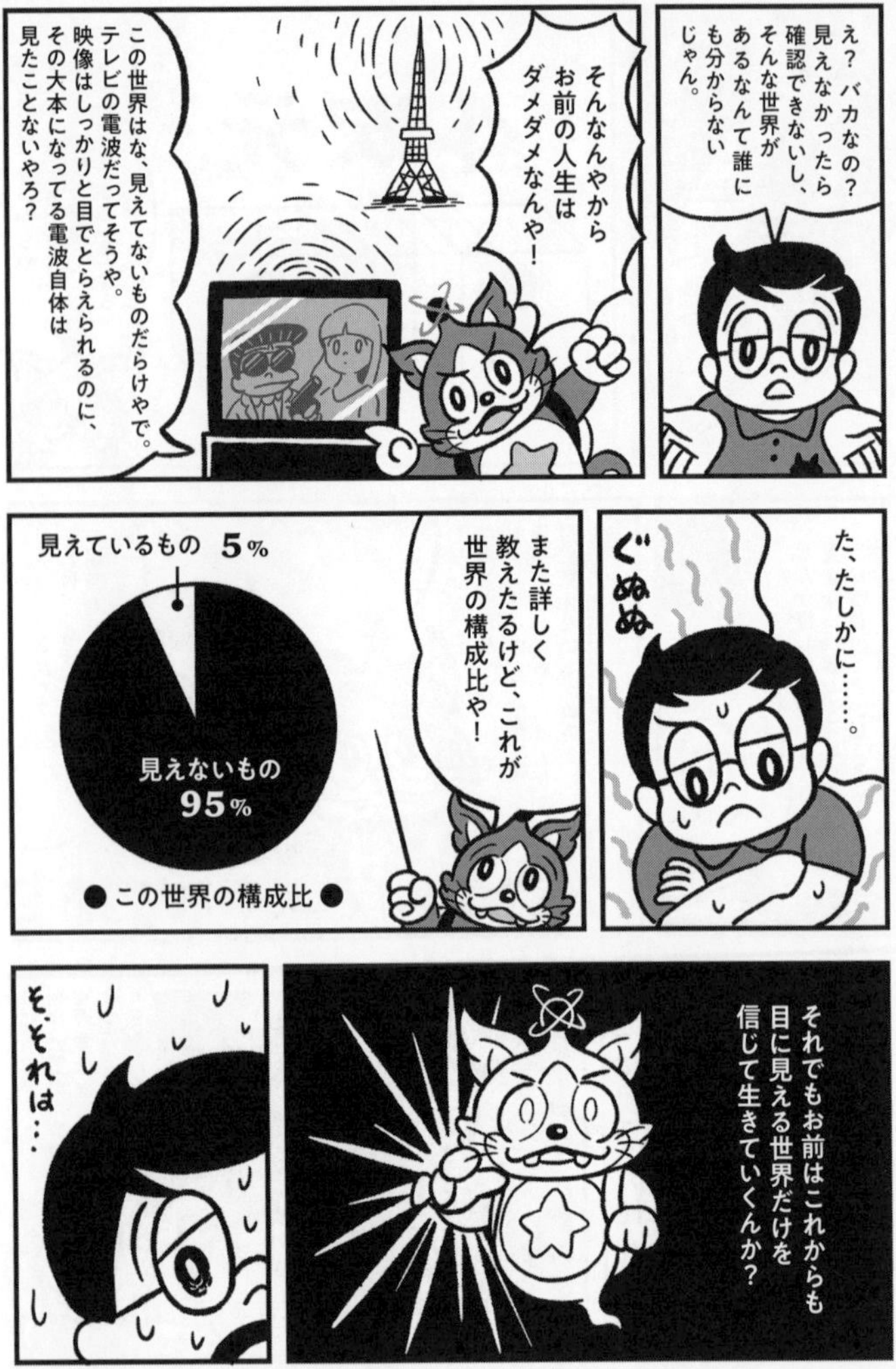
え？バカなの？
見えなかったら
確認できないし、
そんな世界が
あるなんて誰に
も分からない
じゃん。
そんなんやから
お前の人生は
ダメダメなんや！
この世界はな、見えてないものだらけやで。
テレビの電波だってそうや。
映像はしっかりと目でとらえられるのに、
その大本になってる電波自体は
見たことないやろ？
た、たしかに……。
ぐぬぬ
また詳しく
教えたるけど、これが
世界の構成比や！
見えているもの 5%
見えないもの
95%
●この世界の構成比●
それでもお前はこれからも
目に見える世界だけを
信じて生きていくんか？
そ、それは…

そやろ？量子のパワーが宿ったワイの夢かな道具を使えば、この世の中の仕組みが簡単に分かるんや。……いやそれだけやない。

現実とは何か？お前が何者で、どこへ向かうのか？そして、夢の叶え方もな。どんな夢にも例外はないで。

この世の仕組み??

夢の叶え方まで??

無限の可能性
そう。お前の後ろには無限の可能性が広がってるんや。

どや、見えない力を見たくないか？

えい、どうせ何もしなくたって明日から上司や同僚にいびられるだけのこの人生。もうどうにでもなれ!

ビリビリ
ザブーン
…

にゃーははは。ほんなら決まりやな。これからこの11次元バッグを使って次々と夢を叶えていったろやないか！

こうして僕と宇宙から来たという
シュレーディンガーの猫型エイリアン・叶えもんとの
不思議な共同生活が始まった。

それからたった半年で
あんなにも〝ダメダメな僕〟が
理想以上の未来をたぐりよせることになるなんて……。

もしあなたがこの先のページに手を進めてくれるなら、
僕が次のことを宇宙にかけて保証する。

あなたは「奇跡」の
観測者になれる。

CONTENTS

第2幕

価値観をゼロから書きなおそう

第3幕

どんな夢でも叶えもん

第1幕

この世はすべて量子力学がつかさどっている

いつだって「かもしれない」の連続

【量子スコープ】

さっそく「僕と叶えもんがどんな生活を送ることになったのか」について触れていきたいところなんだけど、そういうわけにはいかなくて……。

だって普通、目の前に突然あんなへんてこな存在が現れたら、すんなり眠りにつけるわけないよね。

結局、時計の針が何周回ったのか分からないくらい僕は叶えもんに質問攻めするハメになった。

「ねえ、叶えもん。ところであんたが送られてきた宅配便の箱に変なメッセージが書いてあったよね。

〝箱の中身は波かもしれないし、粒かもしれない。猫かもしれないし、犬かもしれない〟

って。あれは一体、なんなの？」

「いきなりいい質問するやんけ。実はあれな、量子力学の『二重性』という性質のことを表してるんや」

「にじゅうせい？

それはつまり、ルイじゅうなんせい的な？」

「ちゃうわ！　〝2つ〟の〝性質〟が〝重なる〟と書いて、二重性や！　もっと言うとな、目に見えない素粒子の性質のことや」

「そりゅうし⁇　さらによく分からない単語が出てきたよ、なんだよそれ！　余計に眠れなくなるじゃん！」

「まあ、そんなにイライラすな。素粒子っていうのはな、すべての物質を構成する最小単位のこと。すべての物質は素粒子で構成されてるんや。

たとえば、ここにあるりんごを半分に切って、また半分に切って、どんどん半分に切っていったら最終的に、どうなると思う??」

「おいしいりんごジュース?」

「まじめに答えろ!」

「うーん、どんどん小さくなって目には見えなくなるような……」

「そう! どんどん細かく切っていくと、これ以上細かくできないくらいの大きさになるよな。


まさにその〝これ以上細かくできない〟っていう物質の最小単位のことを素粒子って呼んでるんや。


ほなさっそく最初の夢かな道具を出したろ。

実際にミクロの世界の素粒子を見せたるわ」

そう言うと叶えもんは、背負っていた11次元バッグに手を伸ばした。

そして、目的のものが見つかったのだろう。「準備はええか?」と言わんばかりの目つきでこちらを睨んだ。

「量子スコープ〜〜!」

使い方

2つののぞき穴から、世界をのぞくと、この世の最小単位の物質＝素粒子が見える。

僕は正直ワクワクしていた。「11次元」だなんて大それた次元から取りだす道具だと言うのだから。ところが、その期待は一瞬にして崩れさった。

叶えもんが取りだしたのは、デザインが派手なこと以外、なんの変哲もない双眼鏡だったのだから──。

「え？ ちょっとちょっとふざけないでよ。これ、派手なだけのただの双眼鏡じゃん。〝夢かな道具〟って言うくらいだからすごいのを想像してたんだけど。あ～あ、なんか損した～」

「ワイの夢かな道具に対して失礼なやっちゃ！ まあ騙されたと思って、のぞいてみ。物質の最小単位の世界が見えるから」

「あれ？ あれれ？」

「どないした？」

「いや、これ壊れてない？ 双眼鏡どころかガラクタじゃん！」

「ん？ そんなわけあらへんで」

「だ、だって、**どこをのぞいても同じ景色が広がってるだけなんだけど。**レンズにツブツブが溢れてるっていうか……」

「うん、それでまちがってないな。それがミクロの世界なんや」

「うわっ！　部屋の中も家具も叶えもんもツブツブで半透明な感じだね……。しかもこれ、よーく見るとツブツブ同士、境目がないじゃん！」

「そや。**そのツブツブの物質こそが素粒子や。現実はすべて、その素粒子で構成されてる。**」

まあ大きさで言うとな、10のマイナス10乗メートル以下のサイズ。つまりたった1センチメートルの物体をさらに1億回刻んだ大きさより、またさらに小さな世界が『素粒子の世界』やで」

「は、はぁ。刻みすぎてもはや想像がつかないや……。本当にすべて？　この世界のすべてが素粒子で、できているの⁇」

「そや。お前が使ってる古いパソコンも、お前が着ているダサい洋服も、お前が住んでるボロボロのアパートも、すべて素粒子で構成されてるんや。

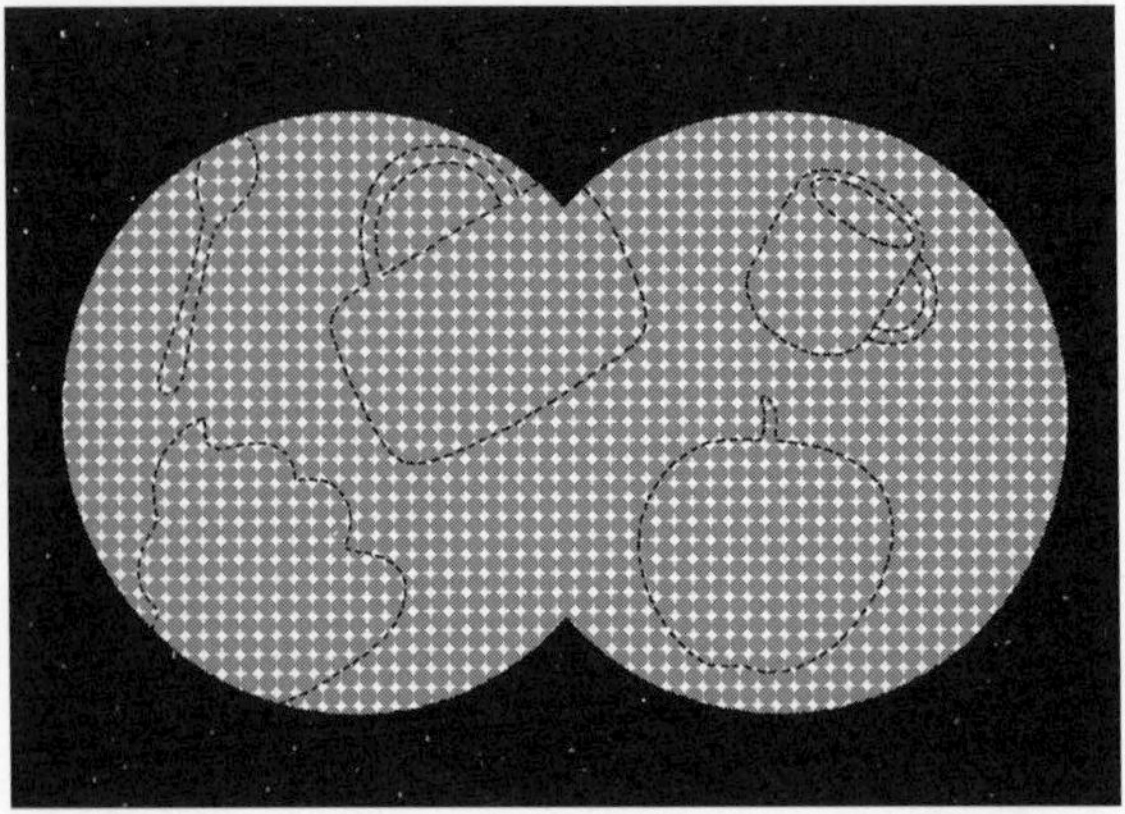

あ、お前のスカスカの脳みそもな。**この世はぜ〜んぶ、目に見えない素粒子のエネルギーの海でつながってるんや！**」

「はぁ?? スカスカの脳みそ〜!? なんかいちいちバカにされてる気がするんですけど……。

でもさ、僕の嫌いな上司まで、僕と同じ構成だなんて信じられない！

あいつだけは絶対に小汚い素粒子で、できてるはずだ！」

「いいや、一緒や。残念ながら例外はない。

お前ら人間は、素粒子で構成されている塊《かたまり》に対して、『机』『鞄』『テーブル』『うんこ』『上司』『自分』って勝手に名前をつ

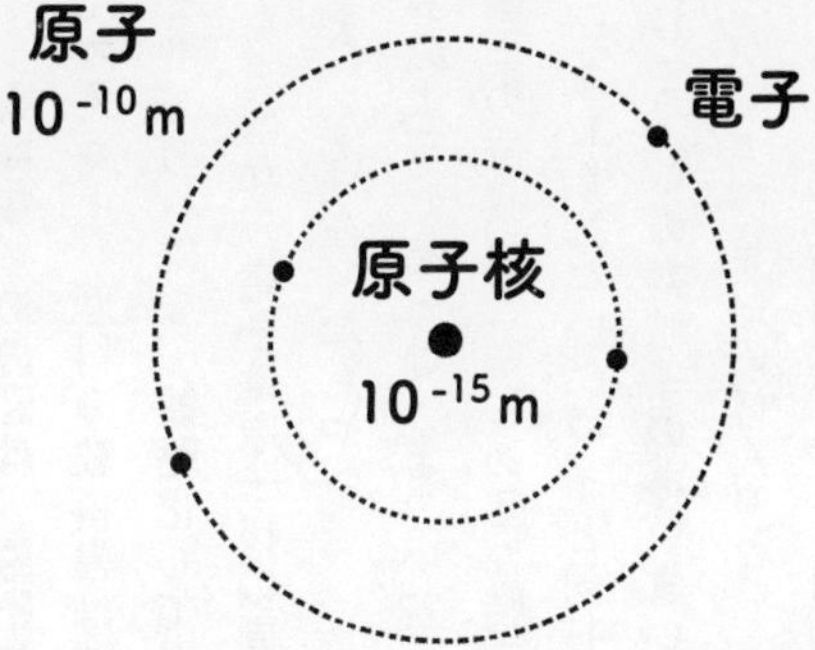

けて区別しているだけなんや」

「僕たちみんな同じ海で泳いでるだけだなんて。

あー頭がおかしくなりそうだぁ！」

「パニックついでに、さらにすごいことを教えたるわ。お前たちが教えられてきた〝世界の嘘〟についてや。

理科の授業で『原子』って言葉を聞いた覚えはあるか？」

「うーん、たしか原子の中心には原子核があって、その周りに電子がぐるぐると回っている図を見たような？」

「そう、まさにそれや。ワイの大好物、たこ焼きみたいな図のことや」

「たこ焼き？　……まあ言われてみれば……」

「……**実はな、あの図は、厳密にはまちがってる！**」

「えええっ！　理科の教科書は嘘だったって言うの？」

「そや。あれはな、簡略化して書かれた図なんや。

ほんまはな、電子は原子核の周りをぐるぐると回転していなくて〝雲のようにあいまいな存在〞なんや」

「雲のようにあ・い・ま・い⁇」

「電子の位置がどこにあるか特定しようとしてもな、そこにあるかもしれないし、ないかもしれない。ワイと同じで住所不定の無職なんや。

そして、この素粒子のあいまいさのことを『不確定性の原理』と言うんや」

「ふかくていせいのげんり？」

「まあバカなお前は、『ミクロの世界は、あいまいな世界』やと思ったらええわ」

「そんないい加減な世界なの？」

「そや。お前と同じでいい加減なんや。そして、**このあいまいさこそがこの世の**

現実ってことや。

この世界の物質の元をたどればすべてが素粒子っていうのはさっきも言うたよな。それを大きな視点で見ただけの『現実の世界』が別の性質なわけないやん」

「は、はぁ……」

「まだ分からんのかいな、このバカは！　たとえば、お前月を見たことあるか？」

「だまっておけばさっきからバカ、バカうるさいな！　月くらい見たことあるよ！」

「じゃあ、月を見てない時は月はどこにあると思う？」

「そりゃ、見ていても見ていなくても同じ場所にあるんじゃないの？」

「見ていないのにどうして存在するって分かるんや？　もしかしたら見てなければ月は存在してないかもしれへんやん」

「ぐ、たしかに『絶対に違う！』とは言いきれない……」

「ミクロの世界では素粒子はあるかもしれないし、ないかもしれない。月だって例外なく素粒子で構成されているんやから、誰も見ていない時は住所不定や。そこにあるかもしれないし、あそこにあるかもしれないってことになる。そして、これが量子力学から学ぶこの世の不思議の1つや。

量子力学を学べば、**現実とは〝かもしれない〟の連続**であることが理解できるや

ろし、この世の仕組みが全部丸分かりや

「この世の仕組みが全部⁇」

「そや。この世の仕組みさえ分かれば、お前は自由自在にどんな夢でも叶えることができるで。

そして、幸せな人生を手に入れることができるんや！」

「うぉぉお、すげえ！ 僕はそういうのを待ってたんだよ‼」

「にゃーっははは。そんなに褒めてくれるなら、お前にこれからもっとミクロの世界の『世にも奇妙な物語』を教えたるわ。

その代わり大好物のたこ焼きをくれ！」

実はこの時、「あんたの存在が何より奇妙だよ！」というツッコミを僕はぐっと

奥歯のほうでかみ殺していた。というのも正直言って、こんなにも心がワクワクしたのは、子どもの頃に両親に連れていってもらったヒーローショーを見た時以来だったからだ。

そこで冷凍食品のたこ焼きが残っていることを思い出した僕は、話のつづきの報酬として叶えもんにアツアツの〝それ〟をふるまった。

すると叶えもんは、さっそくたこ焼きをほおばりながら、話をつづけた。

「はふはふ。なぁヒロ、素粒子ってどんな形をしてると思う?」

「え? それはさっきも道具を使って見たはずじゃ? ツブツブの粒! でしょ?」

「ああ、まちがいなくそうや。ただな、それはお前が見てた、、、(観測してた)からやねん。ダブルスリット実験という有名な実験で驚くことが分かったんや」

「見るだけで何が変わるって言うのさ!? てか、ダブルスリット? ……それはチャイナドレスのスリットが2倍のやつ……?」

「アホか！　なにデレデレしとんねん。ダブルスリット実験とは2つの穴（スリット）を使って素粒子のふるまいを観測する実験のことや」

「へ〜、な〜んだ（スリット2倍、見たかったな……）。で、その実験でどんなことが分かったの??」

「まあ、結論を言うとな、まったく同じ実験をしているのに素粒子は、

●誰も見ていないところでは波のようにふらふらしている

●誰かが見ると粒になる

ということが分かったんや。

ほんでなこれこそがさっき言うてた、『二

重性』のことやねん」

「え〜！　見てない時と見ている時で性質が変わるってこと⁇」

「そや。まるで〝ダルマさんが転んだ〟やな。

見てないと素粒子は波のようにふらふら動きまわってるけど、パッと見ると粒となって動きが止まるような感じや。

お前も上司が見ているところではまじめに仕事をするけど、誰も見てないところではスマホをいじったり、ネットサーフィンをしたりして、ダラダラとさぼってるやん？　それとおんなじや。

見ている時と見てない時で態度やふるまいが変わる。これが素粒子の性質であり、そのことを二重性と呼ぶ。

素粒子もお前と同じ二重人格だと思ったらええかもな」

「なるほど、素粒子って僕とそっくりじゃん。なんだか親近感湧いてきたよ！

そういえば受験生の頃の話も思い出したぞ！　親父が帰ってくるまではゲームしたり、漫画読んだりさぼりたい放題。でも、親父が帰ってきた途端、急に机に向かってまじめに勉強したふりしてたっけな……」

「そういうこっちゃ。素粒子もお前と同じように見てないところではあいまいでいい加減なやつなんや。

そして、これがワイが送られてきた箱に書かれてたメッセージの真意や。

“箱の中身は波かもしれないし、粒かもしれない。猫かもしれないし、犬かもしれない”

箱を開けてお前が見た途端、【ワイが箱から飛びでた】という現実が決定しただけなんや」

「あの叶えもん、そもそもの質問なんだけどさ……。どうして素粒子って見ていない時は波のようにふらふらしてて、見ると粒になっちゃうわけ？」

「それはな……正直、分からん……」

「えぇぇえ〜〜。嘘でしょ〜？　分かってないの⁇」

「**そや。お前より100億倍賢い天才物理学者たちが100年以上研究してもま**

だ分かっていないんや。まあ、実際はいろんな解釈の仕方は一応あるんやけどな。

そやのにお前は、この世界のことについて分かったつもりになってる。ミクロの世界（目に見えない世界）ですらあいまいで分からへんのに、素粒子から成りたつマクロの世界（目に見える世界）について凡人のお前が簡単に分かるはずがないやろ！」

「おい、言い方ってもんがあるだろ！」

「いいや、なんも分かっとらへん！　これから先、どこに向かうべきなのかもな。そんな奴が幸せになれるわけないやんけ！

まずはお前がこの世界のことをいかに知らないかを、知ることやな」

「じゃあ、叶えもんは知ってるって言うのかよ！　幸せになる方法も、この世の仕組みも、何もかもをさ！」

「当たり前や！　ワイはＩＱ３３００やで！

天才物理学者アインシュタインですらＩＱ１８０やし、コンピューターを作った史上最高の天才と呼ばれたジョン・フォン・ノイマンのＩＱ３００より10倍以上も賢い計算になる！」

「ＩＱ３３００って超天才！　天才すぎて、逆にアホなレベルじゃん！」

「にゃははは、ＩＱ３３００ともなれば、お前の悪口なんて気にせえへんで。

まあ、ここまでいろいろ言ったけどな、結局ここで伝えたかったことは１つ。

何度も言うように、この世はあいまいで分からないことだらけってことや！

お前が知っているはずの月も、お前が着ている洋服も、お前が住んでいるアパートも、お前が嫌っている上司も、素粒子で構成されてる。せやから、見てない時は波のように、あいまいな存在かもしれないってこと。

お前が見ている現実はあるかもしれないし、ないかもしれない、あいまいな世界なんや。

ただな、このあいまいさゆえの希望もある。**あいまいさゆえに、なんでもありえんねん。**

今起きている現実は、あらゆる無限の可能性の１つの出来事に過ぎへんってことや。つまり、お前には無限の可能性があるってことやねん」

「僕にあらゆる無限の可能性がある?」

「そや。それやのにお前ときたら、あらゆる可能性の中から、【毎日のように上司に叱られる現実】や【お金がない現実】【彼女ができない現実】を自ら選びだしてる」

「はぁ? 僕が現実を創っている?? そんなバカな! 上司に毎日叱られる現実なんて誰も望んでないよ! お金がない状態だって望んでない! 理想の彼女だって今すぐ欲しいしさ!」

「にゃははは。これを理解するには**夢の叶え方の秘密**の話をする必要があるわな。まあ、今日はもう遅いからこの辺で終わりや。明日からまたつづきを教えたる。ほなおやすみ〜」

「ちょ、ここ僕ん家なんだけど! それ僕の布団だしさ! どこかで読んだ漫画みたいに押入れで寝ろよな! てか、ヤバっ! 遅いっていうか、もう朝じゃん! はぁ……仕事の準備しなくちゃ。

……ってあれ？　カレンダー見たら、明日は日曜日じゃん！　さっきまで、明日は平日だった気がするけど。もしかしてさっそく現実が変わったのか⁉　……まあなんでもいっか、結果ラッキーなわけだし」

そしてこの日、「現実とは一体なんなのだろうか」と考えているうちにいつのまにか僕は、そのまま不確定性の夢の中に入った……。

夢の中では、ある合コンでダブルスリットのチャイナドレスを着たきれいな女性との運命の出会いに思わずニヤついた。この時は、まさか本当にこの美人にそっくりで完璧な女性とデートする現実が来るとは夢にも思わなかった……。

ありえない世界が、僕のほうに引き寄せられる日々が「今日」をきっかけに始まったのだ。

今回の夢かなセンテンス

🐾「すべての物質は素粒子で、できている」
🐾「この世はあいまい」

夢を叶える秘密のワーク

すべてのものを素粒子だと思って周りを見渡してみ！　そのすべてがひとつながりの海みたいなもんやと思うと、なんかいろいろどうでもよくなってこーへんか？　全部お前と別のもののようで、一緒のものなんやから。

確定するまではなんでもありえる

【夢かなダーーツ】

叶えもんと出会ってから少しだけではあるが、早くも「ものの見方」が変わった気がする。

「この世界はすべてが素粒子で、できている」。そう考えると現実の認識の仕方がまるで変わってくるからだ。

自分が着ている洋服も、それこそ自分の身体も、嫌いな上司だって、みんな同じ素粒子で、できているだなんて……。

ところで叶えもんはたしか、「現実世界にあるすべてのものが素粒子のエネルギーの海でつながっている」と言っていた。そのことが夢の叶え方とどう関係してくるのだろうか？　いろいろと疑問が湧いてきた。

「ねえ、叶えもん、昨日、話していた夢の叶え方の秘密って一体なんなの？」

「やっぱり気になってたんか？」

「そりゃ、たくさん叶えたい夢があるからね。大富豪でしょ～。理想の女の子と結婚することでしょ～。

それから、それから～。

えっと、叶えもんはどんな夢でも叶えてくれるんだよね？」

「もちろんや。ただし、そのウザったい性格を直したらな。

こちとらお前の夢を叶えるためにわざわざ命がけで来てんねんで」

「えっ、命がけ!?」

「そや。あの箱はな、シュレーディンガーの猫の実験を元に作られてる。そやから、箱を開けたらワイは死んでたかもしれんのや。

それくらいシュレーディンガーの猫の実験は、あまりに残酷な実験なんや……。

この話をすると動物愛護の団体から訴えられるかもしれへんから、あんまり話したくないんやけどな」

「そんな残酷な実験なの？」

「まあ、思考実験やから実際に実験するわけではないんやけど……。物理学者のシュレーディンガーのおっさんが考えた実験の内容があまりに猫にとっては、残酷なんや……」

「ちょっとちょっと！　もったいぶらないで、どんな実験なのか教えてよ！」

「ええやろう。気分悪なってもワイの責任ちゃうからな。

ヒロ、ワイが入ってた箱のメッセージの内容を覚えとるか？」

「たしか、〝箱の中身は波かもしれないし、粒かもしれない。猫かもしれないし、犬かもしれない〟だったよね」

「ほんまはそこにもう1つ〝かもしれない〟が追加されなあかんねん。

……〝死体かもしれない〟ってな」

「はぁ？　なんでただの箱に入るだけで死ぬんだよ！　意味分かんない！」

「実は、**あの箱の中にはな、毒ガス発生装置が入ってたんや**」

「えええ！　毒ガス発生装置⁇　だったらそれ、〝かもしれない〟じゃなくて、100%死体じゃん。毒ガスが箱の中に充満して生きてたとでも？」

「違ーう、話を最後まで聞け。箱にはさらに仕掛けがあるんや。箱の中には一緒に放射線物質（素粒子）も入れられててな。それがある条件を満たすことで毒ガスが発生する仕組みになってんねん。そして発生するか、しないか（条件を満たすか、満たさないか）の確率はフィフティ・フィフティ。

ワイは運良く毒ガス発生を免れたから、今、お前の目の前に立ててるねん。詳しい発生条件が知りたければ、量子力学の教科書見てみるとええわ。『シュレーディンガーの猫』で調べたらすぐ出てくるで」

「なんて残酷な！」

「残酷な実験って言うてるやん。やからあんまり話したくなかったんや。動物愛護団体や猫愛好家に訴えられたら困るしな……」

「たしかに、この実験は残酷だね……。

でもさ、なんでこんな実験を考えたわけ？」

「いい質問や。実は、シュレーディンガーは量子論……いわゆるミクロの世界（見えない世界）の現象が、マクロの世界（見える世界）の現象に、ほんまに影響を与えるのかという問題を提起しようとしたんや」

「え？『ミクロの世界の現象がマクロの世界の現象に影響を与えないこと』を証明しちゃったら、まずくない？

叶えもんの言ってることがさっそく全部嘘にならない？」

「まあまあ、話は最後まで聞きや。そんなことも学校で習わんかったんかいな。

放射線物質は、素粒子や。

だからダブルスリット実験のように観察される前は、波のようにふらふらしてる。それはもう分かるよな？」

「はい、先生！」

「じゃあ、そこの生徒。観察すると素粒子はどうなるんやった？」

「はい先生、粒であります！」

「ザッツ・ライトや。ところで、ここでさっきの毒ガス発生装置が入った箱に話を戻させてもらうで。

さっきの毒ガス発生装置なんやけどな、発生条件をざっくり言うと、

●箱の中の放射線物質（素粒子）が放出される＝毒ガスが発生する

●箱の中の放射線物質（素粒子）が放出されない＝毒ガスが発生しない

なお、この放射線物質が放出されるかされないかの確率はフィフティ・フィフティや。

じゃあ、箱を開ける前の猫の状態はどうなってると思う？」

「そんなの箱を開けるまで誰にも分からないんじゃないの？」

「そう。箱を開けて観察するまでは、どっちでもありえるねん。

ってことはやで？

・毒ガスが発生して猫が死んでいる状態

箱を開けるまで、両方の状態が同時に存在する！

・毒ガスが発生せずに猫が生きている状態

この2種類の猫が同時に存在してること
にならへんか？
つまり、『生きてる猫』と『死んでる猫』が、
重なりあってるってことにならへんか？」

「はあ?? **頭では理解できるけどそんなの**
ありえるわけないじゃん！」

「お、シュレーディンガーが言いたいこと
は、まさにその一言や！」

「〝ありえるわけない〟ってこと？」

「そう。ありえるわけがない。
そのことを理由に、シュレーディンガー
は、ミクロ（素粒子である放射線物質）の世
界で起こることが、マクロの世界（猫の生

死）にも影響を及ぼすのはおかしいでしょ？　ってことを唱えたんや」

「ほらー、やっぱり！　見える世界と見えない世界の関係性を否定しちゃってるじゃん！」

「いいや、これでこそ物理学や。


反例のない真実なんて真実やあらへん。それに真実はいつだって少数派や。


実際、この『シュレーディンガーの猫』のおかげで、さまざまな新しい解釈が生まれた。その1つがコペンハーゲン解釈や」

「こぺんはーげん??」

「そや、デンマークのコペンハーゲンの物理学者ニールス・ボーアが提唱した理論や。確率解釈とも言われてるで。

そやな、コペンハーゲン解釈については夢かな道具を使って見てみよか」

「夢かなダーツ〜〜!」

使い方

回転するボードにダーツの矢を投げ、的の「大当たり」に命中すると、なんでも夢が叶う。

「この夢かな道具はな、願いを込めたダーツの矢が的の『アタリ』の部分に当たると、見事、夢が叶うようにできてる。もちろん『ハズレ』の場合は、おじゃんやけどな」

「すごい！　なんでも叶うの？」

「そや、どんな夢でもな。で、お前の夢はなんや？」

「100万円。今すぐ、100万円が欲しい！」

「〝なんでも〟って言ってるのに、たった100万円かいな。ちっちゃい奴やなぁ。まあええ。ほな始めるで。ええか。矢が『アタリ』の部分に刺さったら、見事成功や」

そう言って叶えもんは、夢かなダーツのボードを部屋の壁に貼りつけ、アタリとハズレの書かれた的をくるくると回しはじめた。

某番組でパジェロに狙いを定めるタレントのごとく、僕は矢を持つ手を前へ、後ろへ動かし、放つタイミングを窺《うかが》っていた。だが……的の回転速度が速すぎるせいで、「アタリ」と「ハズレ」のエリアは、宇宙の始まりの時のように〝1つなるもの〟に見えた。

でも、このダーツには僕の人生がかかっている。全神経を右手に集中させ、僕はいよいよ矢を手放した！　それと同時に目をつぶってしまったが、矢がしっかりとボードをとらえる音が鼓膜に届いた。まず第一段階はクリアだ。

「結果」という名の舞台の幕を開けるように、おそるおそる僕はまぶたを開いた。

「あれ？　あれれ？　叶えもん？」

「なんや？」

「せっかく覚悟を決めて目を開いたのに、どういうことだよ、あれ！　**的が回りつづけてるせいで、ダーツの矢がどっちに刺さってるか分かんないよ！**」

「ほな、自分で止めてみたらええよ。アタリかな～、ハズレかな～、そ～れ。アタリかな～、ハズレかな～、そ～れ」

からかう叶えもんの口を止めにいきたいところだったが、僕はまっさきに壁にかかった的の方角に向かった。いかんせんこのダーツにかかっているのは「僕の人生」なのだ。

しかし、ほんの少し先の未来で、「最悪の結果」が待ち受けているだなんて……。

「うわーん、『ハズレ』だったよ～。

僕ってやっぱりツイてないなぁ。僕の人生は失敗の連続だ……。変な夢に期待せず、これからも地味な人生を歩んでいきます。

どうか探さないでください」

「おいおい、これくらいのことでそんなに落ちこむなや。それにな、お前は今、めちゃくちゃ大事なことを学ぶことに成功したんやで」

「はぁ？　どんだけ人のことをからかえば気が済むのさ！　これだからエイリアンは！」

「ひどい言い方するやんけ。夢が絶対に叶う方法をお前は身をもって学んだとも知らずにな」

「夢が……絶対に叶う⁉」

「せや。ダーツボードが回転している間は、〝100万円が当たる状態〟と〝当たらない状態〟が同時に起きてた。

どっちにダーツが当たったかは、ボードを止めた瞬間に確定するよな。これが、さっき言ったコペンハーゲン解釈の考え方やねん」

「ああ、シュレーディンガーのうんたらかんたらが元で生まれた新しい解釈って話ね」

「お前も経験したことあるやろ？　遠足でお弁当を持っていく時、お弁当の中身がどうなっているか気になったやろ？

でも、蓋を開けるまでは中身は分からない。

蓋を開けたら、きれいなキャラ弁かもしれないし、
日の丸弁当かもしれないし、
大好きな唐揚げが入ってるかもしれないし、

具材が交ざってぐじゃぐじゃになっているかもしれない。

どちらにせよ、**中身の状態が確定するんは蓋を開けた瞬間や。**これがコペンハーゲン解釈なんや」

「唐揚げ弁当こ〜い、唐揚げ弁当こ〜い、っていつも祈ってた気がする。で、それがなんの役にたつわけ？」

「**ええか、弁当を開ける前の弁当箱の中には無限の可能性が広がってるっちゅうことや。**開ける前であれば、もはや中身はご飯である必要すらあらへん。スイーツが入ってようが、それこそ食べ物以外のものが入ってようが、その可能性は否定できんっちゅうことやねん。

これはお前の現実にも一緒のことが言えるで！　**お前が現実という名の『弁当箱』を開く（観測する）前には無限の可能性が広がってるんや。**

100万円が当たるかもしれないし、当たらないかもしれない。

素敵な彼女ができるかもしれないし、できないかもしれない。

上司に叱られるかもしれないし、褒められるかもしれない。

とにかくすべての可能性の海が目の前には広がってる。そして、その可能性はなんとフィフティ・フィフティや!!」

「……それなのに僕はなんでもかんでも、〝できるわけない〟って決めつけて諦めたってわけか……」

「よく気づいた！　エジソンは電球を発明するまで何回実験に失敗しているか知ってるか？」

「10回くらい？」

「アホか！　1万回や!!」

「えーっ、い、い、1万回!?」

「そや、ダイソンの掃除機も5年かけて試作機を5127台も作って、やっと商品化できたんやで」

「そ、そんな時間と労力をかけてたの??」

「そや、16代アメリカ大統領のリンカーンの人生だって失敗の連続やったんや。22歳で事業に失敗。イリノイ州議会議員選挙で2回も落選。婚約した女性が死去。

アメリカ大統領になるまで選挙で6回も落選したんや」

「あの有名なリンカーンもそんなに失敗していたのか……。

てか、叶えもん、超詳しいね」

「あぁ、全部ワイが見てきた世界やからな」

「あんた一体、地球のなんなのさ！」

「にゃーはっははは。教えるんは、甘っちょろいところを直してからや！　たった1回ダーツで失敗しただけで、『終わった……』って。視野のせまい奴め！」

「うっ……。あなたの言葉の矢が胸に刺さって痛いよ」

「もっと刺したるわ！　凡人のお前ならせめて100回以上はチャレンジしてみ。100回やればどれか成功するやろ。

理想の彼女が欲しければ少なくとも100人にアタックやな！」

「そ、そんなに!?」

「エジソンは、1万回実験に失敗したことに対してなんて考えたと思う？」

「そりゃ、僕みたいに『運がないなぁ』って思ったんじゃない？」

「アホか！　**あいつは〝失敗する方法を１万通り発見し、成功確率が上がった〟と考えたんや。**つまり、失敗すればするほど成功する確率が上がり、成功に近づくってことやな。**この世には失敗はない。すべて成功に近づくための経験なんや**」

「エジソン、かっけえ……」

「そして、お前に夢を叶える秘密の１つを教えたるわ。絶対に夢が叶う方法や」

「え、なになになに？　教えてください！　叶えもん様！」

「夢が絶対に叶う方法、それはな……」

「それは？」

「**夢を叶えるまで諦めないことや！**　夢を叶えるまで諦めなければ絶対に夢は叶う！　お前には無限の可能性があるんや！　だから、夢を諦めるな！　**成功するまで諦めない人が成功者と呼ばれているだけなんや。**まあ、もし諦めそうになったら、自分の目の前に広がった無限の可能性の海のことを思い出すんやな。

他にもたくさんの夢を叶える秘密はあるがお前にはまだもったいない！

つづきはまた今度や」

「え〜そんな〜！　また途中までかよ〜！　ケチ〜！」

叶えもんの熱い言葉のエネルギーが熱伝導のように脳内に伝わり、僕は感銘を受けた。

僕には無限の可能性があり、どんな夢でも叶えることができるかもしれない。

これまで人生は不運の連続だと思っていたけれど、これは考え方の問題だったのか。少なくともエジソンのように1万回も失敗したことはない。

離婚だってたった1回しかしていない。

リンカーンは当選するまで6回も失敗していたのだから、結婚だって6回してもいいかもしれない……。そう考えると少しだけ気楽に思え、人生に夢と希望が見えてきた。僕にもまだまだ可能性はあるのだ。

調子の波に乗った僕はこの日、1日中「夢かなダーツ」に励んだ。

僕には無限の可能性がある！

100万円ゲットするまで諦めないぞ！

最高の理想の彼女をゲットするまで諦めないぞ！

勢いだけは確実に「アタリ」を射止めていたが、実際は、何度投げても「アタリ」にかすることとすらなかった。

もしかしてこの夢かなダーツ、不良品なのか……？　そんな疑問が、また新たな疑問を頭に連れてきた。

そういえば、叶えもんはエイリアンのはず。

それなのに地球の毒ガスでそもそも死ぬのだろうか……？

本当に命がけだったのだろうか……？

今回の夢かなセンテンス

「すべての人には無限の可能性がある」

「叶うまで諦めなければどんな夢でも叶う」

夢を叶える秘密のワーク

ノートに叶えたい夢を書きだしてみ。そしたら、その夢は叶ったも同然や。叶うまで諦めへんかったらええんやからな。

ええか？　夢やからって大きい必要はないで。「ケーキを食べたい」とか「お気に入りの文房具を買いたい」とか、そんなんも立派な夢やで。

事件は見えない世界で起きている【ダークマターチョコレート】

この日、叶えもんと出会って、初めての平日がやってきた。

いつもと同じ月曜日に、いつもの駅。

だけどそこには少しだけ強くなった僕がいた。僕には無限の可能性があるんだ！

そう信じはじめ、意気揚々と会社に向かった。

ところが現実はやはりそんなに簡単には変わらないらしい。出社して早々、僕はパワハラ上司(通称、パワ原)に呼びだされ叱咤を受けていた。

原因は、「定時1分前に出社した」からだ。「間に合ってるんだから、いいじゃないですか！」という反論をぐっと飲みこみ、その代わりにため息を1つ、ついた。

「おい高橋。今、何時だと思ってるんだ！　もう8時59分だぞ！　1分前に出社なんて気がたるんどる！

それに上司の前でため息だと……？　お前、何様だ？」

「すっ、すみません！　いえ、申し訳ありません！」


さらなる謝罪を重ねようとしたちょうどその時だった。僕がいきなりパワ原に胸ぐらをつかまれたのは。そして恐怖政治をしく独裁者はさらにつづけた。


「それより、高橋。先週頼んだプレゼン用の資料はもうできてるんだろうな？」

「(うわ、やべ忘れてた) いえ、まだです……」

「資料が完成していないのにギリギリに出社とは、ますますいい度胸してるな、お前。俺だったら、朝7時には出社して資料を完璧に仕上げておくけどな」

「い、急いで作ります!!」

僕は逃げるようにして自分のデスクに戻り、資料作りに取りかかった。

すべては「これ以上怒られないために」。

そんな邪念の入った仕事、効率がいいわけもなく……。昼休み返上で資料作りに勤しみ、完成したのは、結局時計の針が14時を指す頃だった。


「おい高橋。ちょっと、いいか。パソコン持ってきてみろ」

「はい！」

「このフォントおかしいだろ。文字の大きさも小さすぎだ。あ、それにここ、文字の位置をずらさないとなぁ」

「は、はい！　どれくらいずらしましょうか!?」

「0・01ミリ横だな」

「0・01ミリって細かすぎじゃないか……！」

僕はパワ原に対する愚痴を叫んだ。もちろん心の中でだ。実際に言ったら、何をさせられるか分かったもんじゃない。

その後も、ここがダメ、そこがダメとたった1枚の資料を作るために15回以上のダメ出しをくらい、ようやく資料が完成したのはプレゼン開始の5分前だった。

「なんとか間に合った……」。そんな安堵の気持ちにひと息つくのもつかの間、パワ原は僕をさらに高い崖の上から突きおとした。

せっかく作った資料がプレゼンでは、なかったことになっていたのだ。

プレゼン資料をシュレッダーにかけながら、どれだけ「僕も一緒にシュレッダーにかけられてしまいたい……」と思ったことか。

資料作成で時間を取られたこともあって、結局その日も、家に到着したのは深夜の1時。僕はくやしさとむなしさで身体を震わせながら、へんてこなあいつに泣きついた。

「叶えも〜〜ん！　毎日パワ原のクソ野郎にこんなに叱られて、あれはきっと嫌がらせだ！」

「いいやヒロ、すべて思い通りにいっているはずや」

「こんな毎日毎日、パワ原に叱られる人生なんて思い通りなわけあるもんか……」

「いいや、お前が無意識に考えていることが現実化してるんや」

「無意識!?」

「そや。お前に初めて会った時、ワイが教えたったよな。**この世界はざっと見積もって、見えてるもの5%、見えないもの95%で構成されてるってな。**

学びの進んだお前に追加インフォメーションや。

この〝見えないもの〟っちゅうのは、さらに**見えない物質＝ダークマターが27%、見えないエネルギー＝ダークエネルギーが68%で構成されてる**」

「ダークマター？　ダークエネルギー？

その2つが95%を支配してるなんて……なんか、ネーミングも怖いし。暗黒社会？　ヤクザ的な？　あーヤダヤダ！　反社会勢力反対！」

「にゃはははは。安心して大丈夫や。ダークとか暗黒っちゅうのは、光に反射して見えないからそう呼ばれているだけやからな。

今の観測技術では観測できない物質やエネルギーがなんと95％も存在するっちゅうことなんや」

「ねえ見えないのにどうして95％も存在するって分かるわけ？」

「ええ質問や。ダークマターを説明するためにはまず、引力の話をせんとな。ヒロ、万有引力の法則って聞いたことあるか？」

「ああ高校生の時に習った気がする」

「じゃあもちろん、説明できるよな？」

「えっとー、あのー、そのー。先生、ついさっき忘れました！」

「何がついさっきや、まったく。

イギリスの物理学者アイザック・ニュートンはな、りんごが地面に落ちる現象を見て不思議に思ったんや。

『なぜ、りんごは地面に落ちるのだろうか？』と」

「え、暇人なの？　そんなの当たり前じゃん……」

「せやから、お前はいつまでも凡人のままなんや」

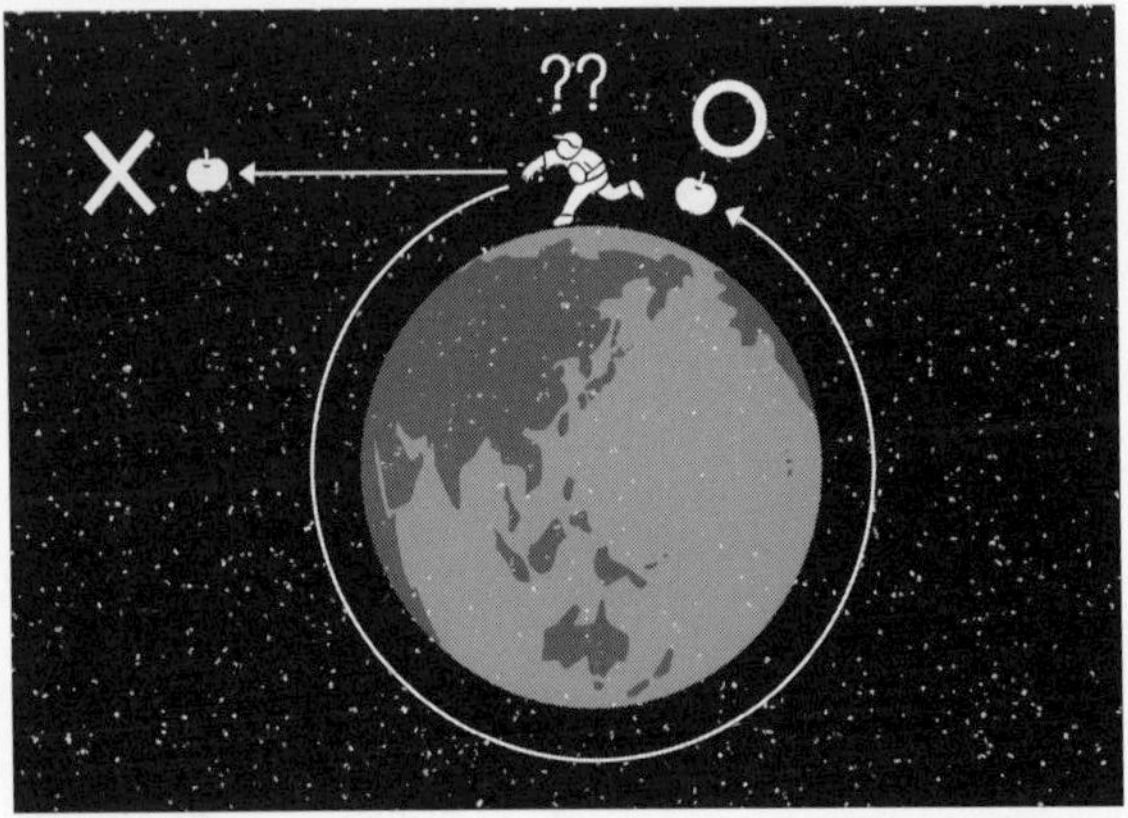

「ちょっとちょっと凡人をバカにしないでください！　凡人を代表して抗議します!!」

「まあ、よく聞け。ニュートンがすごいところはな、〝りんごが落ちる〟という現象を観察して、こう妄想したんや。

『もし、りんごを地面に対して平行に投げたらどうなるだろう？』と」

「そんなの、放物線を描いて地面に落ちるだけじゃないの？」

「まあそりゃそうやわな。ほんなら、地球を一瞬で1周してしまうくらいのスピードでりんごを投げたらどうなると思う？」

「地球を一瞬で??　んー、それこそりんごが地球の周りをぐるぐる回りはじめるような……」

「まさに正解や!!　**地球を一瞬で1周するほどのスピードで地面に平行にりんごを投げると、地球の周りをりんごも公転しはじめるねん。**

でも、それってよく考えるとおかしくないか？」

「え？　どうして？」

「だって、そのまままっすぐ飛んでいくなら、宇宙の彼方へ一直線に飛んでいくはずやんけ。ワイたちの目線の先にある地平線の先には、宇宙が広がってるわけやからな」

「うーん、たしかにどうして公転するんだ？」

「それこそが、りんごが地面に引っ張られる力＝引力のおかげなんや！　ニュートンは、りんごと地面の間に働く力と、月と地球の間に働く力が同じということを発見した。

そして、この〝物質同士は見えない力（引力という）で引っ張りあってる〟という法則を『万有引力の法則』と名づけたんや」

「〝万有〟っていうくらいだから、すべてのものには引力が働いているわけ？」

「そや。ミクロの素粒子も、マクロの地球も、月も、太陽もお互いに引っ張りあっている。

お前とワイも例外やないで。それに建物と机の間にも、このペットボトルとお前の間にもな」

「……ってことは、僕と嫌いな上司の間にも引力が働いているってことじゃん。

考えただけでも気持ち悪！

上司には、これ以上近づきたくないんですけど……。

ところで、この引力がダークマターとどんな関係があるのさ？」

「宇宙空間に存在するすべてのものは、万有引力の法則に従って見えない力（引力）で引きあっている。この現象は、星と星同士の間にも働いているって言うたよな。

宇宙物理学者たちは、宇宙を観測しているうちに、宇宙空間には星同士に働く引力以外に、見えない力で銀河や星を引っ張っている〝何か〟が存在していることに気づいたんや」

「それが闇の組織、ダークマター?」

「そや。ダークマターの影響で地球から銀河や銀河団を観測すると、ゆがんで見える。

この現象を『重力レンズ効果』と言うんや。こうして、未知の物質=ダークマターの存在が明らかになったんや」

「……未知なる世界おそるべし。

じゃあ、ダークエネルギーっていうのは一体何なの?」

「超新星(星の一生の最後に起きる爆発)が、これまでの理論から予想される速度よりもはるかに速いスピードで元の場所から遠のくことが発見されてな。

その原因となっているのが反発エネルギー。

銀河や星同士が引っ張りあう力を押しのけていく正体不明の反発エネルギーこそ、ダークエネルギーや!」

「正体不明の見えない反発エネルギー!?

なんだか『スター・ウォーズ』のフォースの力みたいじゃん！」
「たしかにお前の周りにもダークエネルギーが取りまいとるで。
『ダークエネルギーと共にあらんことを』ってか？」
「よーし、ダークエネルギーの力で上司を撃退だー！」
「にゃははは。そりゃ傑作や。
ダークマターとダークエネルギーのことが分かったところで重要な話に移るで。
この宇宙の法則はお前の脳内にまで広がってる」
「はい？」
「お前の脳内は〝見える意識〟と〝見えない意識〟で構成されてるんや。その比率、
5対95。
ちなみにお前らの世界では、
●見える意識のことを『顕在意識』
●見えへん意識のことを『潜在意識』
って呼んでるんや。潜在意識は『無意識』って言うたりもするで。

たとえば、お前が上司を嫌いなのはまちがいない事実やろ？」

「うん、命をかけてもいい事実。僕はパワ原が大嫌いだ！　あー思い出したら、またむかついてきた！」

「そう。その気持ち、手にとるように認識できてるはずや。

つまり、見える意識がそれっちゅうことになる。他にも、チャイナドレスの女性を想像しながら鼻の下伸ばしてんのも、〝見えるほう〟の意識やな」

「の、伸びてなんかないし！　で、じゃあ〝見えない意識〟っていうのはなんなの？」

「たとえば、まばたきは意識してやっとるか？」

「いいえ、毎回、〝開いて〜、閉じて〜〟ってやってたらそれだけで1日が終わると思われます」

「たとえば、心臓を意識的に動かしているか？」

「いいえ、〝はい右心房動いて〜、はい次、右心室〜〟ってやってたらそれだけで1日が終わるだろうね」

「ほんなら呼吸はどうや？」

「いや、だから毎回、〝吸って〜、吐いて〜〟ってやってたら、1日が終わっちゃうよ!!

それに、意識的だったら寝てる間の呼吸はどうしたらいいんだよ！　呼吸しなかったら、僕たち人間は死んじゃうの！　これだからエイリアンは！」

「にゃーははは。じゃあ、**誰が勝手にまばたきさせたり、心臓動かしたり、呼吸させたりしてんのやろなぁ？**」

「はっ！　今、文字通り〝はっ〟としたよ。

たしかにすべての行動が、まったくの無意識だ……。そう言われると不思議な感じがしてきたぞ。

あれ、僕はロボットなのか？　誰かが僕を操縦してるのか？」

「大げさな！　ちゃうちゃう。これを証拠として、**お前たちの行動や発言はほとんどがこの〝見えない意識〟によって引き起こされてるってことなんや**」

「ほとんど？　ほとんどって？」

「お前が上司に叱られるのも、
お金がないのも、
彼女がなかなかできないのも、
ほとんどがお前の潜在意識が引き起こしてる。つまりお前の望み通りなんや。
納得できへんお前にええもんやるわ。ほれ新しい夢かな道具や」

「ダークマター
チョコレート〜〜!」

使い方

ひと口食べた途端、脳の「無意識の領域」にアクセスすることができる不思議なチョコレート。

叶えもんから差しだされたのは、目つきの悪い顔をかたどったチョコレート。

「なんだかお腹を壊しそう……」。そう思って、しばらく躊躇していると、叶えもんは僕の顔を無理やり押さえつけ、口の中に目つきの悪いそれを押しこんだ。

その時の叶えもんは、チョコレートとは比べものにならないくらいさらに悪い目つきをしていた。その姿はもはや反社会勢力そのものだった。

ただ「人」も「チョコレート」も見かけに騙されてはいけないことをこの時、僕は知った。

「このチョコレート、なんてうまいんだ……」

噛むほどに深まる味わいはまるで底なしの宇宙。鼻を抜ける香りは、産地でカカオを収穫する、その手すら浮かんできそうなほどだった。

我を忘れ、ダークマターチョコレートの魅力に浸った。思えば、その行為こそが潜在意識への切符だったのだろう。

ふと不思議なメッセージが、心の鼓膜をとらえたのだ。

「（上司に叱られたらどんな気持ちになる？）」

未だチョコレートの芳醇な香りに脳内を支配されていた僕。思考はすっかり停止し、質問に対する抵抗力を失っていた。そんなわけもあって、脳内の普段は使ったことのない引き出しから、回答を取りだした。

「すごく嫌な気持ちになる。だけど、仕事をもっと丁寧にするように意識するかな」

「（仕事をもっと丁寧にするように意識したらどうなる？）」

「うーん、どう考えたって仕事の質が向上するよね。誰か知らないけど、あんたバカなの？」

「（……。じゃあ、仕事の質が向上したらどうなる？）」

「仕事の質が向上したら、早く仕事が終わって家に早く帰れるじゃん！　そんなことも分からないわけ？　上司にだって褒められるしね！」

「(……。で、上司に褒められたらどうなる?)」

「なんのために仕事やってると思ってんの？　上司や会社に認められるためさ！　夢が叶うんだから、幸せな気分になるに決まってるじゃん」

「(ふふふふ。夢が叶っておめでとう。**上司に叱られたおかげであなたの夢が叶ってる！**

って黙っておけばテメー！　生意気な口ばっかり利きやがって！　ぶち殺すぞ！)」

あまりにもボリュームの大きな罵声を浴び、我に返った僕は、心の鼓膜に届いた不思議なメッセージを振りかえっていた。

これまで上司に叱られることは最悪なことだと思っていた。

けれど、上司に叱られることで仕事が丁寧にできている。

そのおかげで、まちがいなく仕事の質は向上している。

そしたら早く帰れるし、上司にも認められる。

あれ？　叱られたおかげで、いろんなことがうまくいっている……。

上司のことは未だにむかつくし、大嫌いだ！　でも、不覚にもなんだか今、上司に対して少しだけ感謝の気持ちが湧いてきてるぞ……。

「ねえ、叶えもん！　そういえば僕、小さい頃から人に褒められることや、認められることばかり望んでいた気がする……」

「にゃははは。それがお前の無意識の欲求や。そして、**その欲求こそが、【毎日、上司から叱られる】という現実を引きおこしてる。**だって、お前の中に『人から認められたい』という欲求がなければ、上司に何を言われても気にしないはずや。【毎日、上司から叱られる】っていう現実は起こらへんねん」

「たしかに僕の隣の席の田中は、僕とおんなじように【毎日、上司から叱られてる】けど、何にも気にしてない。それどころか、ヘラヘラしてる！」

「この世のすべては、お前の思い込み（見えない意識）が創ってるんや。であれば、現実を変えるにはどうしたらええと思う？」

「思い込みを変える？」

「せや。思い込みとは別の言い方をするとお前が『心から信じている』ことや。お前が『上司に認められると幸せになれる』と信じていると……【毎日のように叱られて、指導される】っちゅう現実が起こるんや。逆にお前が、『上司に認められるだけ無駄』と思っていたら……上司から指導もされず、褒められず、相手にもされないやろな」

「本当に～？　でもさ、心の底から『お金持ちになりたい！』って信じてるけど、まったくもって現実化しないよ？」

「当たり前やろ。『**お金持ちになりたい！』っていうんは、つまりお前は『貧乏な自分』を信じつづけてるんやからな**」

「はぁ？」

「これやからアホは夢が叶わんねん。『お金持ちになりたい』って叫ぶための条件はなんや？」

「『お金持ちになりたい』を叫ぶ条件？　ご近所に迷惑をかけないようにほど良い

ボリュームで叫ぶ、とか？」

「アホ！　そんなご近所マナーの話をしてるんちゃうわ！

『お金持ちになりたい』を叫ぶ最低条件、それは……貧乏であることや」

「そうか！　お金持ちは、『お金持ちになりたい』なんて叫ぶはずない！　すでにお金持ちだもんね！」

「アホの割には察しがええやん。そういうことや。

お前の『お金持ちになりたい』という思考の元は、お前はまだ『お金持ちじゃない』という信念があるという証拠なんや。

お前が『お金持ちになりたい』と思い込ん

でる限り、お金持ちじゃない状態が一生つづくってことや。これは量子力学の世界でも説明されてるで。量子ゼノン効果ってやつや」

「量子ゼノン効果？」

「そや。量子ゼノン効果とは、簡単に言うと、**【物質】や【状態】は観測されつづけると1つの状態を維持しつづけるっちゅう効果のことや。**やかんに水を入れてお湯を沸かそうとする時、そのやかんの中の水をずっと観察しつづけたことないか？」

「あるある！　カップラーメンが早く食べたすぎて、沸騰するまでずーっと。でもあれ、なぜか全然、沸かないんだよね。一生沸かない気がしてくるよ。で、結局諦めて目を離すとその途端、ふつふつと沸いたりしてさ。

……は！　ほんとだ！」

「にゃっはっはっは。ええ反応や。人間は一度思い込むとなかなか、その思い込みが外れへん。**『一生、お湯が沸かない気がする』って思い込みが、沸かない現実を創りだしてる。**そのことを量子ゼノン効果は教えてくれてるんや。

自分は不幸だと思い込む（不幸な自分を観察する）と、実際に不幸な自分っちゅう現実が現れて、維持される。

自分は貧乏だと思い込む（貧乏な自分を観察する）と、実際に貧乏な自分っちゅう現実が現れて、維持される。

前に、素粒子は観察されると、波から粒になるって言うたよな。あれも同じこと言ってんねん。波の中からお前が信じたことだけが粒化して【現実】として抽出されるイメージや」

「し、信じられない……」

「そう、信じてへんから、今ワイのしてるこの話はお前の目の前で【嘘】という名の現実を映しだしてる。逆にこれまでの科学者は、自分たちの仮説を最後まで信じきったから、それを【現実】として証明できたんや。

お前は、自分が人間やと思ってるか？　自分が男だと信じてるか？」

「……そんなの当たり前すぎて考えたこともないよ……」

「ほらな、それは無意識で信じられてるから、その現実が映しだされてるんや。

せやから、頭で考えたり、念じたりするっちゅう時点で、裏を返せば、そのことを心底、信じられてないってことになるんや」

「現実とは、何を当たり前と思っているかの映し鏡ってことか……」

「察しがええやん。やから現実を変えるには思い込み、潜在意識を書きかえる必要がある。

〝思考は現実化する〟っていう言葉を聞いたことあるかもしれへん。やけどな、厳密にはちょっと違うねん」

「え？　違うの⁉」

「そう。本当は思考を支える思考が、、、、、、、現実化する。つまり、心から信じている観念が現実を創ってるっちゅうことなんや」

「そ、その思考を支える思考とやら、どんなふうに変えれば⁉」

「にゃっはは。そんな焦るなて。ゆっくりやってこうや」

この時はまだ本当の意味で自分の人生が変わるだなんて信じられなくて……今思

えば、そんな思い込みこそが、僕の目の前に【辛い毎日】という現実を映しだしていたのだろう。

ただ、この日を境に少しずつ僕の人生には奇跡のビッグ・バンが起こりはじめることになるのだが、この時はまだそんなこと、まったく予期していなかった。

今回の夢かなセンテンス

- **「見えている世界はたった5%しかない」**
- **「ほとんどが潜在意識(見えない世界)で動かされている」**
- **「心から信じている観念や思い込みが現実を創りだしている」**

夢を叶える秘密のワーク

自分を制限している思い込みを書きだしてみ。後ろに「〜してはいけない」ってつく自分の中の常識を探してみると分かりやすいかもな。

「遅刻してはいけない」「食べすぎてはいけない」「わがままを言ってはいけない」……。じゃあ、もしその思い込みが外れたらどんな世界がやってくる？　レッツ・シンクや！

同じ音楽を奏でたモノが引き寄せあう

【波動ふろしき】

叶えもんに聞いた「思考を支える思考が現実を創っている」という言葉。それは本当なのだろうか？　僕は物思いにふけりながら、いつもより少しだけ早く仕事を終えた夕方、自宅近くの商店街をふらついていた。

ふと気がつくと、僕は書店の中にいた。ここまでの道のりにまったく記憶がない。まるで引き寄せられるように、ここにたどりついたようだ。

そしてさらに引き寄せられるように、僕は1冊の本を手にとった。

本のタイトルは『引き寄せの法則』。

僕がこの本に持つ予備知識と言えば、「スピリチュアルな感じで怪しい本」ってことぐらい。とにかくいつもなら絶対に読まない。でも、関西弁のあいつの影響なのだろう。僕は今、「見えない世界」のことに興味が引き寄せられている。

そう思った時には右手が勝手に、分厚いその本を開いた。

「ん？ なになに、この法則を使いこなせば、自分の望み通りの現実を引き寄せることができるだって？

ふん、アホくさい。だったら、僕の理想の女性でも目の前に現してみろよ！」

数ページ読んだ後に本を閉じた僕の脳内は、すっかり理想の女性に侵されていた。柔らかい感触が僕の右手を包みこんだのは、ちょうどその本を元の場所に戻した時だった。

「あ！ すいません！ 私、この本とっても好きで、探してたんです！」

ふと横を見ると、そこには宇宙一会いたいと願った女性が立っていた。そう、チャイナドレスの女性だ！ さすがにチャイナドレスを着ていたわけではないけれど、まちがいなく夢に見たあの顔が目の前に【現実】として現れた。

「声をかけたい！」。そう思いながらも、素粒子ほどしかない僕の心がそうはさせてはくれなかった。

書店から去っていく彼女の背中を何度も思いかえしながら、僕はトボトボと家路についた。


「叶えも〜ん！　今日、本屋で『僕の理想の女性でも目の前に現してみろよ！』って叫んだら、本当に現れてさ！　チャイナドレスの女性！

これってもしかして引き寄せの法則ってやつ？　この法則があの瞬間、発動したのかな？」

「にゃははは。どうやろなぁ」

「絶対そうだよ！　だって、あの本に、何かを意識したり、考えたりすると実際に引き寄せるって書いてあったよ！」

「お前のことや。本見て絶対に『アホくさい！』とか言ってたくせに、現金な奴やなぁ。その引き寄せの法則についてなんやけど、1つええか？」

「な、なんだよ」

「お前は願いがある時だけその法則が発動するみたいに言うてるけど、ちょっと違うで。**引き寄せの法則っちゅうのは、24時間365日、万有引力の法則のように毎分、毎秒働いてるんや**」

「えっ、毎分、毎秒？」

「そや。しかも使いたい人だけに働いてるんやない。この世に住む人全員、例外なくや！　法則って言うぐらいなんやから当たり前やろ」

「どういうこと？」

「前に教えたった、〝そこら中に目に見えない電波が飛びかってる〟って話、覚えとるか？」

「ああ、あ？　覚えているような、覚えていないような……覚えていないような」

「もう忘れたんかい！

紫外線や赤外線、テレビの電波やラジオの電波みたいに見えへんけど、そこら中

に電磁波のエネルギーが飛びかかってるっていう話や！」

「あぁ、思い出した！　この世界は見えないものだらけって話ね」

「そや。人間が見える電磁波は、可視光線《かしこうせん》という周波数だけなんや」

「かしこい線？　そんな、賢そうなシワの名前、初めて聞いたけど」

「どこまでボケボケやねん！　可視光線や！　可視光線は、お前たち人間が見える範囲に属する電磁波やと思ったらええよ」

「なるほど。僕たち人間が見えるのは『可視光線』という電磁波だけってことね」

「そう、人間には紫外線も赤外線も、マイ

クロ波もX線も見えへんけどな、同じ生物でも蛇には赤外線が見えるし、昆虫には紫外線が見えてるで。

もしかしたら、蛇顔に似てる人は赤外線が見えるかもしれんな〜！」

「なにそのギャグ、おもんな」

「う、うっさいわボケ！」

「じゃあさ、同じ世界に住んでいても生物によって見えてる世界が違うってことだよね」

「そや。お前たちが見えてる世界だけが現実ではないってことがこの事実からも分かるやろ。

見てる世界だけを現実にするなんて、ほんま世界がせますぎるで〜。

ほんでな、こういう見えへん電磁波のエネルギーの世界を解明していくのも量子力学なんや」

「へ〜量子力学ってほんとにすごいね！」

「せっかくやから、お前が見えてへん世界、見せたるわ！」

「波動ふろしき〜〜！」

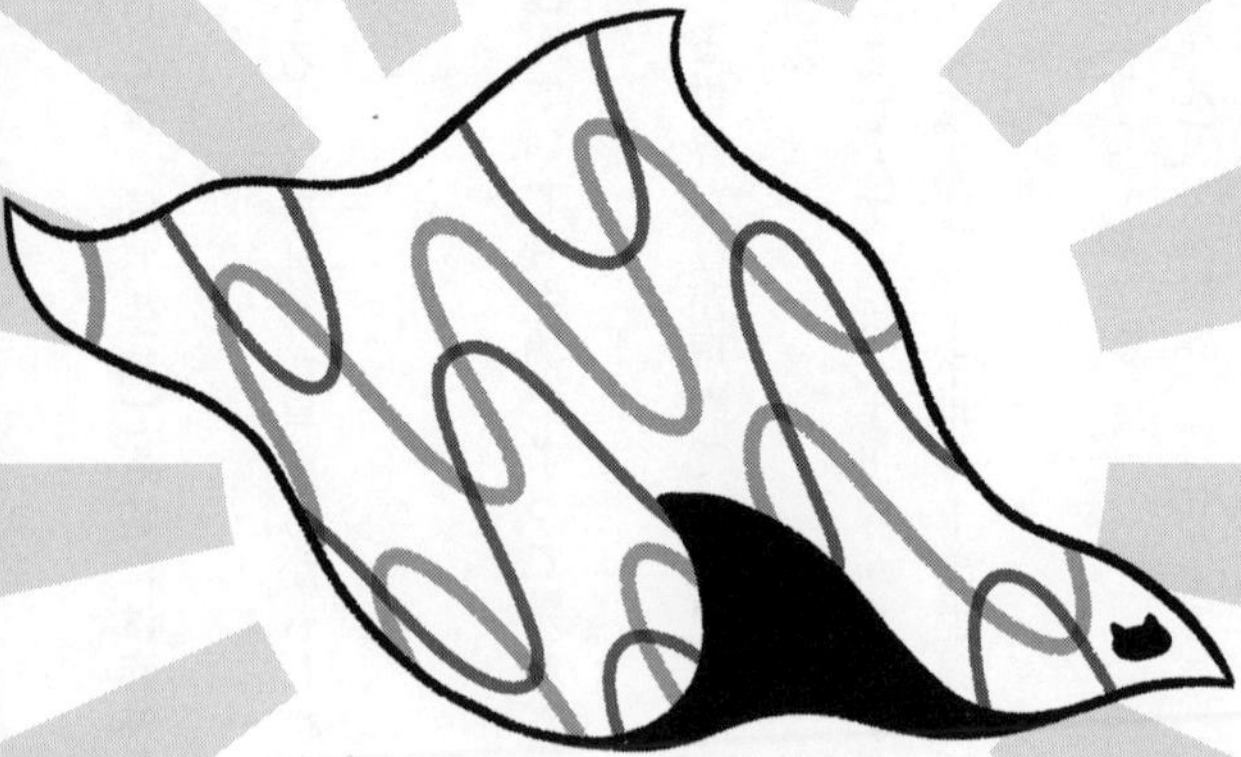

使い方

この世界にある物質化されている「もの」をこのふろしきで包むと、どんなものでも波動化する。

「このふろしきはな、包んだもんを全部、波動化してしまうシロモノや。テーブルの上に置いてあるりんごをこのふろしきで包んでみ」

「波動？　なんだそれ。波動拳とか出たりしない？　痛いことしない？」

「心配せんでも大丈夫や」

僕はおそるおそる波動ふろしきでりんごを包み、またテーブルの上に広げた。

「な、なにこれ？　なんか、りんごがまるで毛糸の玉みたいなんだけど……。しかも、このヒモ、よーく見るとシックスパッドみたいに振動してない？」

「よう気づいたな。物理学の世界ではな100年以上前からすべてのモノは外部からの力を加えんでも振動してるってことが分かってるんや。ほんで物質ごとに1秒間で振動する回数は決まってる。これを学者たちは振動数と呼んでるんや」

「振動数？」

「そや、電子レンジやったら2・45ギガヘルツ。1秒間に24億5000万回振動してることになる。

周波数とかヘルツって言葉聞いたことないか？」

「あぁ、音楽の授業で先生が言ってたかも」

「そう、それや。あれも結局は、振動数のことを言ってんねん。1秒間あたりに100回振動することを、周波数＝100ヘルツって単位で表してるんやで」

「なるほどね。で、周波数が上がれば上がるほど……？」

「音は高くなっていく！」

「縄跳びも、速く回せば回すほど、〝ひゅん！　ひゅん！〟ってどんどん音が高くなっていくもんね」

「お前にしてはやるやん。重要なんはここからや。

人間や動物、それに植物に分類されるあらゆる『物質』。

光や風、それに雷や地震に分類されるあらゆる『自然現象』。

見えない世界では、これらすべてに固有の周波数が存在してる。つまり、振動してるんや。

そして、振動によって生じる波のことを〝波動〟って言うんや」

「よ！　ようやくおでまし！　波動さん！」

「ヒロ、音楽の授業で昔、ギター弾いてたよな」

「え？　なぜそれを？」

「お前が仕事行ってる間に、昔の写真を見たからや。にゃははは」

「趣味悪！　この変態猫！　……まぁ、弾いてたのは本当だけど……。モテたくてね」

「あさはかやな〜。じゃあ、そこのモテたいキミ。ギターの弦を鳴らした時のことを思い出してみてほしいねん」

「甘酸っぱい青春の思い出が今、頭の中をかけめぐってるよ」

「そういう意味ちゃう！　弦がどんな動きしてたかや！」

「〝ぽろーん〟って動きに合わせて、上下に振動してる感じかな？」

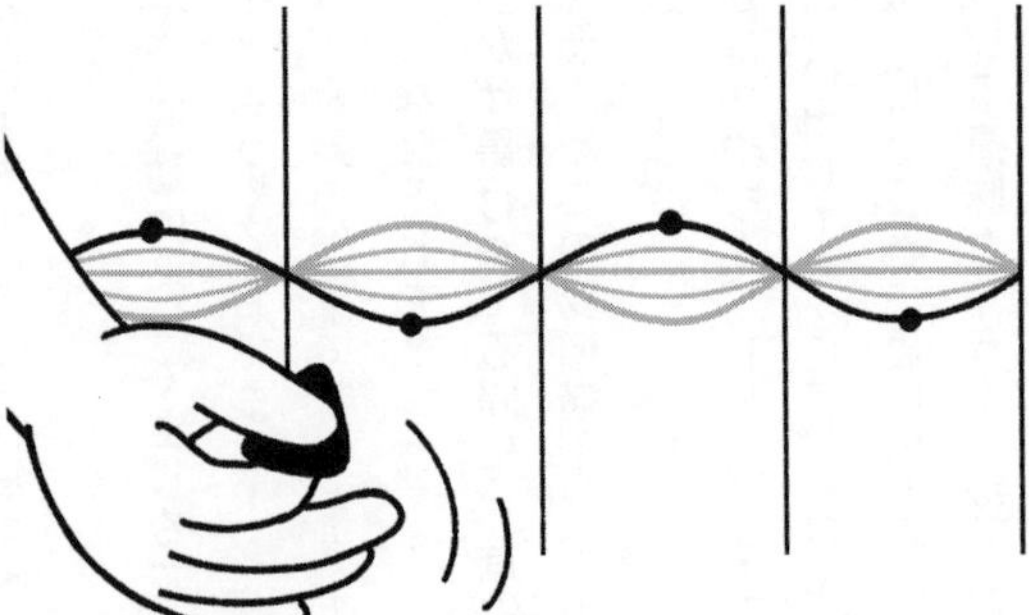

「せや。ほんなら、その動いてる弦のどこか1カ所に着目して、『動きの過程』を頭の中でなぞってみてくれるか？」

「えーっと、どれどれ？

うお――！　波になってる！」

「そう、まさにそれが波動や。**振動数と波っちゅうのは、密接に関係してる**」

「だから、振動数は周波数とも言うし、周波数には『波』って言葉が入ってるのか！」

「そういうこっちゃ。ほんでな、**この世は同じ波動のものが引き寄せあって成りたってる。**

たとえば、このりんご。このりんごを形成するすべての素粒子の波動が一緒やからこそ『りんご』として形を成してるんや。

この机もそう、お前が読んだ本もそうや。すべて同じ波動の素粒子がくっついてできてる。

逆に、お前の身体とそのりんごは、振動数が違うからいくら近づいてもくっつくことはできへんってことや」

「まじー!?　信じられない」

「信じるか信じへんかはお前次第や。ところでそんなお前にもっと信じられへん話ししたるわ。

『すべての物質は素粒子で構成されてる』って話な、これにも実はつづきがあんねん」

「素粒子はこの世で一番小さい物質なはずだよね!?

そこにどんなつづきが?」

「たしかにこの世で一番小さい物質にはまちがいない。

でもな、この素粒子をもっと細かい視点で見ていくと、『ヒモ』でできてるかも

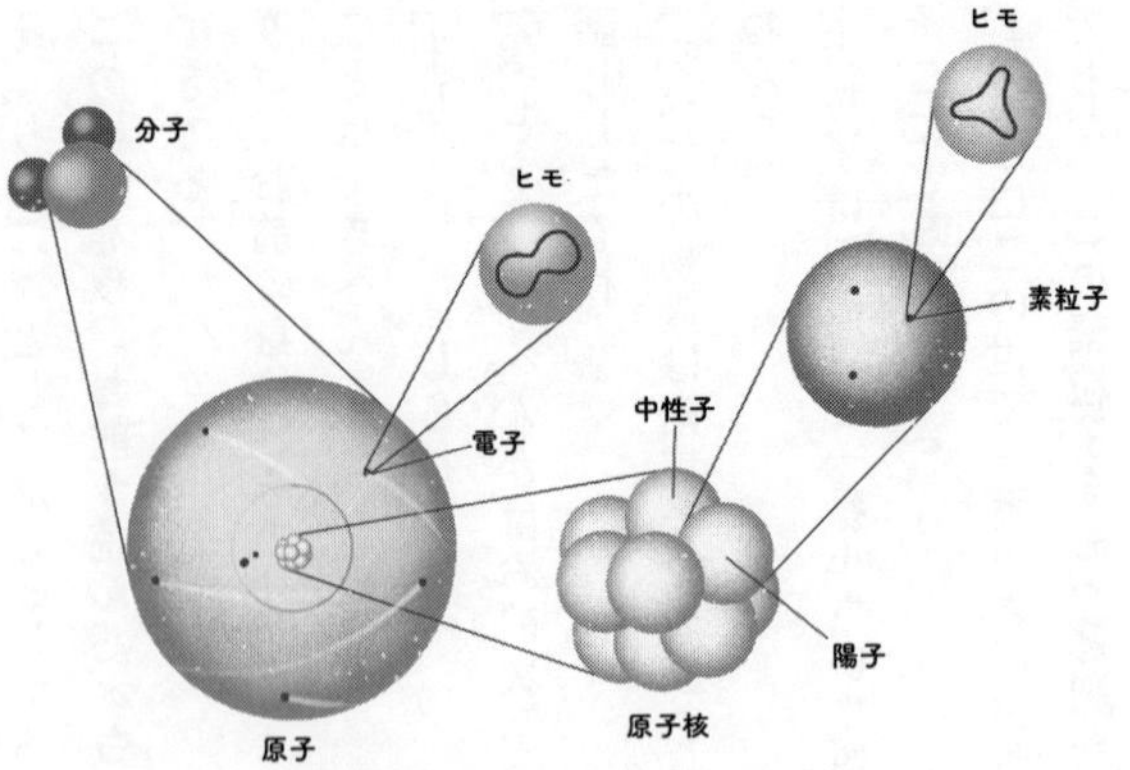

しれんってことが言われてる」

「ヒモ??」

「そや。すべての物質の最小単位は目に見えへんくらいの極小のヒモでできてて、あらゆる素粒子や物質を作りだしているかもしれへんねん。

ほんで、この理論のことを『超ヒモ理論』って言うんや」

「ただのヒモじゃなくて、〝超ヒモ〟!?」

「そや。お前ももしかしたら、極小のヒモでできてるかもしれへんっちゅうことや。

ただこのヒモはあまりに小さすぎて、まだ観測されてへん。

やけど、これがもしかしたら万物の理論か

もしれへんねん」

「万物の理論？」

「そや。**この理論1つでこの宇宙にあるすべての現象を説明できるかもしれんっちゅうことやな。**

すべての物理学の理論を統一できるかもしれない『大統一理論』に最も近い理論の1つと言われてんねんで」

「大統一理論!?

なになに？　ヒモが天下を統一しちゃうわけ？

世界中がヒモ男だらけになっちゃうわけ??」

「ちゃうわ、アホ！　この理論をバカにしたら世界中の物理学者を敵に回すことになるで！

っていうのもな、物理学の天下統一を目指して、世界中の物理学者が大統一理論の確立に向けた研究に勤しんでるんや。

つまり、大統一理論は、物理学者にとってのロマンやな」

「ふ〜ん。で、この超ヒモ理論って具体的には、どんな理論なの?」

「すべての物質は、粒のような形ではなくて、輪ゴムや糸くずのようなヒモででできてるっていうのはさっきも説明したよな。

それでな、**超ヒモ理論ではこのヒモがバイオリンの弦のように振動し、この振動の違いこそがあらゆる素粒子や物質を生みだしているのではないかと言われてるんや。**

まあ、簡単に言うとオーケストラのシンフォニーのようなイメージや。

あらゆる見えない物質が、振動しながらハーモニーを奏でて、この宇宙を創っているような感じやな」

「えっと……ヒモたちの音楽性が一致すれば、『りんご』っていう1つの曲を奏でて、塊としての『りんご』を形成するイメージ?」

「そう、逆に曲が違えば別の塊になる。

ほんで、お前が上司と一緒におって、居心地が悪いんは、完全に音楽性の不一致のせいや。

ヘビメタとオルゴールみたいに相性が悪い」

「そうです。解散の理由は音楽性の不一致です。思い出すだけでむかついてきた。

あいつめ〜、血祭りにしてやろうかぁ！」

「でも別の曲であっても、もちろん居心地がいいパターンもあるで。

たとえばロックミュージシャンがフォークソングを歌うこともあるし、逆もありえるやろ？

これは曲調が近い……つまり振動数が近いってことや。

こんなふうに振動数が近いもの同士は、別の曲やけど、それぞれが引き寄せあってんねん」

「音楽でこの世の仕組みを説明されるとは思ってもいなかったよ……驚きだ」

「にゃははは。上司と振動数がぴったり合えば、仲良くなるどころか合体もできるで」

「フュージョンってか！　キモ！　それはごめんだ！　断る！

ところでさ、ここまで曲の話をしてきたけど、自分が歌う曲って自由に変えれな

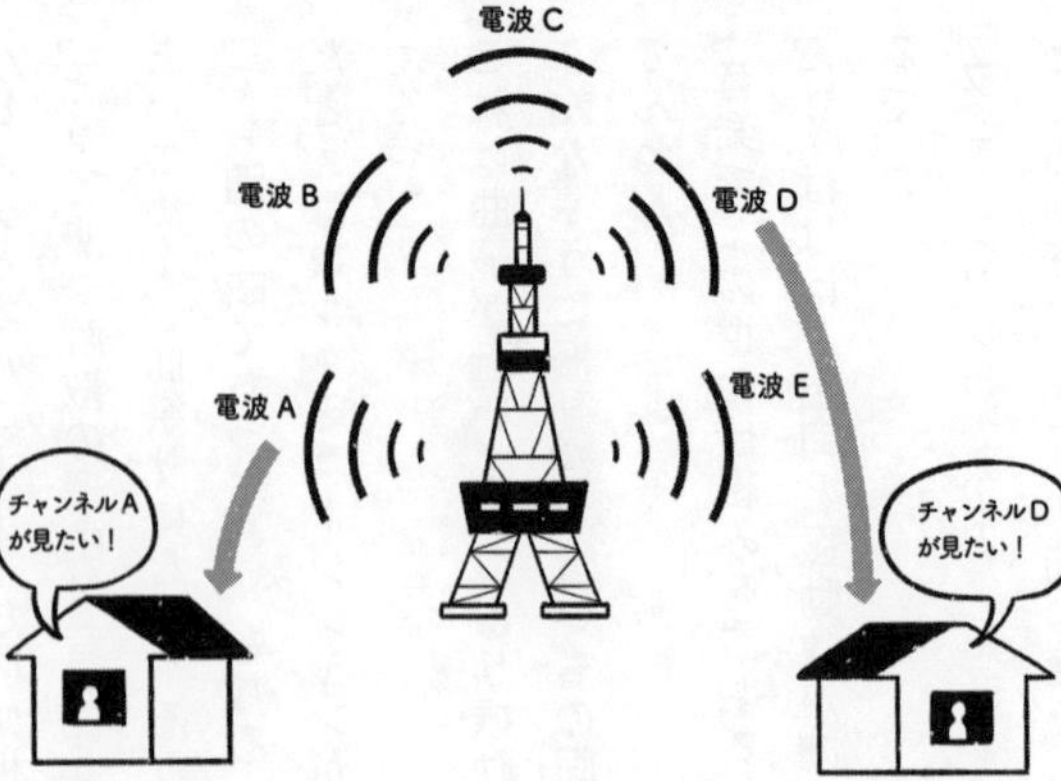

いわけ？　今の気分に合わせてさ」

「ほほう、真理に近づいてきてんなぁ、ヒロくん。

テレビやラジオってどういう仕組みでチャンネルが変わってるか、知ってるか？」

「え？　リモコンのボタンを押すからでしょ？」

「そりゃそうなんやけどな、あれも周波数（振動数）の原理が使われてる。

そもそもテレビ局ってな、チャンネルごとに特定の周波数を出してんねん。

ほんで、『見る側』のアンテナの周波数を、『テレビ局側』が出してる周波数にリモコンで合わせることで、チャンネルが切りかわんねん」

「なるほど！　さっきのフュージョンの話聞いたから、めっちゃ分かりやすいよ！　これってラジオも一緒の原理を使ってる？」

「そう一緒や。なんならお前らが見てる現実もな。

この世界にはテレビやラジオと同じようにさまざまな電波が飛びかってる。

ほんで、**意識のチャンネルをどの周波数に合わせるかによって現実が変わってくるねん**」

「意識のチャンネル？　えーなんか怪しい流れになってきたんですけどー」

「いいや怪しくないで。この世の者のうち誰1人例外なく、この意識のチャンネルを使ってない人なんておらんからな。

お前もそのうちの1人や。

たとえばこんな経験あるやろ。

大人数でめちゃくちゃ賑わってて騒がしいパーティ会場での話や。

雑音だらけのはずやのに、背後から自分の名前を呼ばれたのがはっきり分かってお前は声のするほうを振り向いた」

「あるね！　決して大きくない声で名前を呼ばれたとしても、なぜか気づくんだよね〜！」

「あれは、お前自身が『ヒロ』っちゅう意識のチャンネルに常に合わさってるからこそ、雑音の中から『ヒロ』っていう音（現実）を抽出してるってことやねん」

「なるほどね！　**『自分はヒロ』なんて僕にとっては当たり前すぎて、チャンネルを合わす必要すらないもんね。**

でも、それってチャンネルの変え方の説明にはなってなくない？」

「今から説明したるがな。意識のチャンネルの変え方はな、お前の『気分』が鍵になってる」

「楽しい気分、悲しい気分の『気分』？」

「そう、その気分や。なぁお前、遊園地は行ったことあるか？」

「バカにしてんのかよ。それくらいあるよ」

「じゃあ、その時のこと思い出してみ。どんな景色が見える？」

「手をつないでラブラブしてるカップルでしょー、観覧車とかメリーゴーランドに乗って楽しそうにしてる子どもたちでしょー、あとは家族みんなでワイワイお弁当食べてる映像かなー。とにかくみんな幸せそうだよ。あーなんだか身体が軽くなってきた」

「じゃあ、上司に怒られてる時のこと思い出してみ。どんな景色が見える?」

「机に高く積まれた書類の山とか……、しわくちゃのシャツとか……、あー無理、無理! やめてくれよ! ネガティブな映像ばっかり出てくるじゃんか! なんか萎縮して身体がこわばってくるような感じにもなるし」

「ほらな、意識をどこに向けるかで実際に身体が軽くなったり、こわばったりするやろ。現実が変わったやろ? どこに意識を向けるか、それだけでお前が発する周波数や波動は簡単に変えられんねん」

「く、くやしいけど心当たりあるよ。朝、鍵が見つからない時ってだいたい、遅刻しそうでイライラしてる時だもん」

「せやろ。ワイはな、この意識の向きを変えることを『意識のチャンネルを変える』と呼んどる」

「そのままかよ！」

「う、うるさいわ！　言うとくけどな、これこそがお前の知りたがってる『引き寄せの法則』の原理やねんで！

お前が『＋』『－』どっちに意識を向けるかで、自分が発する周波数が変わり、それに共鳴する現実も変わるっちゅうことや。

見たい映像があるなら、そのチャンネルに自分が合わせたらええねん」

「たしかに、本をとったあの時、一瞬だけど『タイプの女性』に意識が向いた」

「そして、お前はそのチャンスをつかみとって、見事、発見したんや。手まで触れてるんやから、なかなかのもんやで。

その時、上司のむかつく顔を思い出しながら、イライラしてたら、絶対にその女性の顔は目に入ってへんはずや」

「でも、話しかけられなかった……。

クソ！ じゃあ、理想の彼女をゲットしたければ『チャイナドレスの女性』のことばかり考えていたらいいんだよね？ チャイナドレスの女性、チャイナドレスの女性、チャイナドレスの女性、チャイナドレスの女性……

なんか僕キモくない？」

「大丈夫。キモいんは、今に始まったことやないからな。

まあ、でもそうやって意識することはスタートとしてはいい。

ただ厳密にはまだ足りへん。まあ、この辺りも量子力学を最後まで理解できれば、叶うはずや。

それでは今日の番組はここまで。また会いましょう。さようなら」

「ちょっと〜、叶えも〜ん！ こんないいところで！ どんだけ視聴率稼ぐ気だよ！ この悪徳チャンネルめ！」

電気の消えた部屋で、1人意識のチャンネルをぱちぱち変えてみる。

「楽しい」方向に心のチャンネルを切りかえると、目の前の暗闇には、楽しかった思い出が鮮明に映しだされた。

なんだかすごい秘密を手に入れた気がしてうれしくなった僕は、幸せな気持ちで「眠りの世界」に意識を向けた。

ほどなくして激しい眠気が自ら、僕を迎えにきた。

今回の夢かなセンテンス

- 「すべての物質は振動している」
- 「同じ振動数のものは引き寄せあう」

夢を叶える秘密のワーク

手に入れたいものがあるなら、まずやることは、その「欲しいもの」に意識を向けることや。

脳は、嘘も真実にできる

【仮装現実ヘルメット】

それはあるなんてことない朝に起こった。目が覚めて、起きようとすると身体がまったく動かなくなってしまったのだ。いや身体どころじゃない。呼吸も止まり、心臓の鼓動も静かで今にも止まりそうになってきた。

「ダメだ、死ぬ……」。そう口にしようとした、その時だった。漏れでようとする声と一緒に、自分の身体から魂のようなものが抜けだしていくのを感じた。そして、しばらくするとその魂は天井まですぅーっと昇っていき、僕の身体を見おろした。

んっ？　これってテレビとかでよく見る幽体離脱ってやつ？　ベッドに横たわった僕の身体は微動だにしない。

しばらくして紫色のボーリングの玉のようなものが見えたかと思うと、その丸い物体の中にすーっと吸いこまれ、そのまま肉体へと戻った。

そしてそれと同時に目が覚めた。

「なんだ夢か……」

しかし、それは夢にしてはあまりにもリアルな映像だった。でも幽体離脱なんて本当にありえるのだろうか？　そこで僕は、隣で呑気に朝の情報番組を見る叶えもんに聞いてみることにした。

「ねえ叶えも〜ん。魂って存在するの？」

「魂もなにもこの世界は全部、エネルギーみたいなもんやで」

「あのう、そういう斜め上な回答がくると思ってなかったから、さっそく頭がフリーズしちゃいそうなんだけど。また幽体離脱させる気？」

「ほんなら、アホなお前に、『見える世界』と『見えない世界』の両方がエネルギーで表せる2つのすごい数式を教えたるわ。

まずは見える世界についてや。これはアインシュタインが導きだした数式でな、質量（見える世界）とエネルギーについての関係性を表したもんや」

叶えもんは、そう言うとそばにあったメモ帳に、おもむろに見慣れない数式を書きはじめた。

$E = mc^2$

この時、僕にはこれが何かの呪文にしか見えなかった。

「あのー……叶えもん。引きつづき1文字も理解できなくて頭がフリーズしそうなんですが」

「Eはエネルギー、mは質量、cは光の速度を表してんねん」

「お、おぉ。エネルギーと質量っていうのはなんとなく分かるよ。でも、光の速度ってなんなの？　どうやって計るわけ？」

「光の速度っていうんは、別に物理学者を目指すわけやないなら、無視してかまへん。なぜなら、この宇宙では光の速度は秒速30万キロメートルで一定やからな」

「えっと、つまり質量が大きいほどエネルギーも大きくなるってこと？」

「そや。この式はな、エネルギーあるものは物質に変換できて、物質はエネルギーに変換できることを表してるんや。

たとえば、1gの1円玉のエネルギー量は、約90兆ジュールのエネルギー量になんねん」

「ジュールって言われても、全然、イメージ湧かないんだけど」

「これはな、広島に落とされたウラン型原子爆弾の約1・5倍もある計算になる」

「え、この1円玉にそんなエネルギー量が！」

「それを言うなら、お前の体重はその7万倍やで」

「ちょっと！　体重気にしてんだから変な計算すんのやめてよ！　てか、どうやって知ったんだよ僕の体重。ブーブー！」

「にゃははは。ワイに不可能はない。ほんなら次は見えない世界のエネルギーについてや」

「よ！　待ってました！　見えない世界って言うくらいだ。さぞかし、複雑な数式なんだろうね」

「お、興味湧いてきてるやんけ。見えない世界のエネルギーはこの数式で表せるねん」

叶えもんはそう言うと、先ほどの「$E=mc^2$」の隣に新たな数式を書きくわえた。

$E=h\nu$

その数式は僕にとって引きつづき呪文のようだった。

「ま、また新しいアルファベットの登場だ……。でも、思ったよりシンプルなんだね。それにEっていうのはさっきと一緒だ」

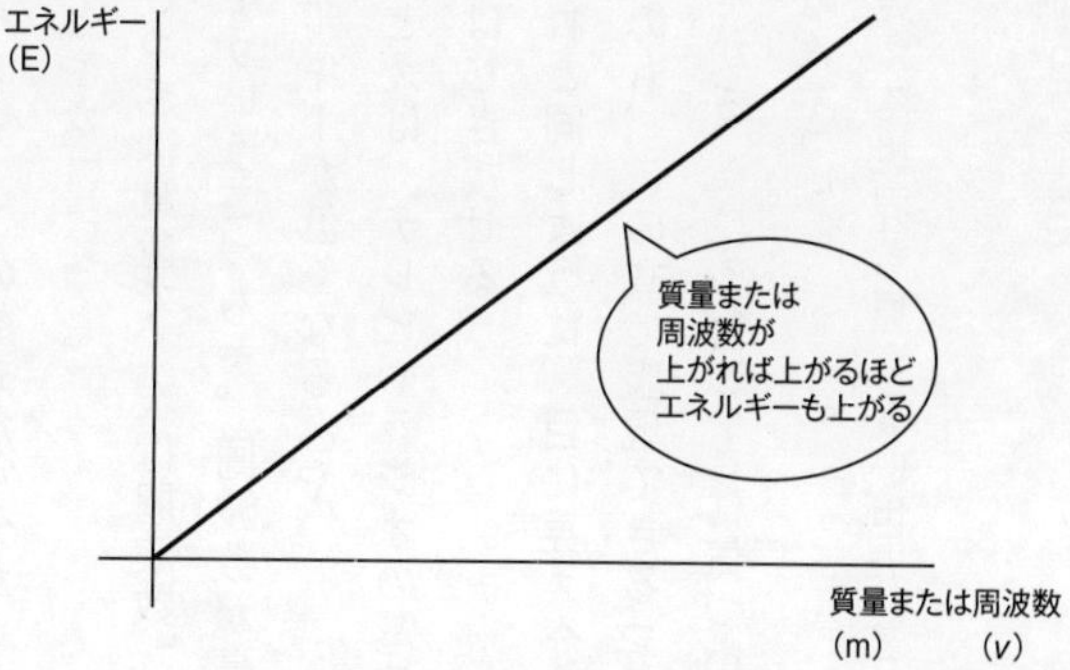

「そう、Eはさっきと一緒、エネルギーのことを指してる。ほんで、hはプランク定数、νは周波数を表してるんや」

「お！　周波数ってこの前、言ってたあの周波数のこと？　同じ周波数は引き寄せあうってやつだよね！」

「そう、その周波数のことや。振動数とも言うんやったよな。1秒間あたりの振動する回数のことを表してる」

「で、プランク定数っていうのはなんなの？」

「プランク定数っていうのは、字のごとく定数や。やから、さっきの数式で出てきた光の速度と一緒で無視して大丈夫や。

ほんでや。この数式から分かることは、エネルギーは周波数に比例するっちゅうことやな」

「さっきは質量で、次は周波数」

「そういうこっちゃ。周波数が高いほどエネルギーが高く、周波数が低いほどエネルギーが低くなるんや。

たとえば、テレビやラジオの電波は周波数をこの数式に入れたら、エネルギー量をはじきだせる。

これと同じように、目に見えへんお前らの意識や思考や感情のエネルギーっていうのも、この式で表現できるってことやな」

「てかさ、僕すごいことに気づいちゃったんだけど……」

「なんや？」

「見える世界も見えない世界もE（エネルギー）で表現できるってことはさ、数式を……

$E = mc^2 = h\nu$

見える世界 Visible	見えない世界 Invisible
粒	波
量	質
$E=mc^2$	$E=h\nu$
肉体	心
陽	陰
物質	意識
物質世界	精神世界
色	空
形	気
この世	あの世

って表現できちゃうってことになるよね。

これ、完全に見える世界と見えない世界がつながってることになるじゃん」

「だから言ってるやんけ。見える世界も見えない世界も、量子力学的には全部エネルギーや。

この世界は全部、幻やねん」

「この世界は全部、幻？」

「そや。その証拠をワイの夢かな道具で見せたるわ。これを頭につけてみ」

叶えもんはそう言うと、アンテナみたいな突起がたくさん出たヘルメットを僕の頭に被せた。

「仮装現実ヘルメット〜〜!」

使い方

被った者を「仮想現実」の世界へと誘うヘルメット。現代におけるVRの上位互換アイテム。

叶えもんが出したへんてこなヘルメットを被ると、すぐに頭の中に映像が浮かんできた。その映像は、本当に作りものなのか、それともこっちこそが本当の現実なのか分からなくなるほどリアルなものだった。

僕はその映像の中で、叶えもんに思いっきりほっぺたをつねられた。

「痛――――い！　ちょっと叶えもん！　何してんだよ！　痛いじゃないか！

あー絶対に血出てるよ、これ。

だって、鼻の奥に血の匂いがするもん！」

「え？　なんのことや？　ワイはなんもしてへんで。ほれ、鏡見てみ。なんもなってへんはずや」

叶えもんの言うことが信じられない僕は、仮装現実ヘルメットを外して、鏡で自分の顔を覗きこんだ。

ところが自分の頬からは血が出ていないどころか、つねった形跡すらなかった。

痛みはまちがいなく残っているのに……。

「自分の状況がよく分からへんみたいやな。まちがいなく誰もお前をつねったりしてへんで。

唯一、つねった犯人がおるとしたら、それはお前の脳や。

そのことをこの仮装現実へルメットは教えてくれてんねん」

「言い訳だろ、それ！　って言いたいところなんだけど、自分の顔を見るかぎり、本当っぽいね。

でもなんでこんなことが起こるわけ？　まちがいなく痛かったよ？」

「**痛みっていうのは、電気信号による脳の錯覚でしかないからや。**

ほっぺたをつねったらな、

↓皮膚の神経細胞によって電気信号に変換されて、

↓脳内で痛みを発する電気信号が流れて、

↓痛いと感じるんや」

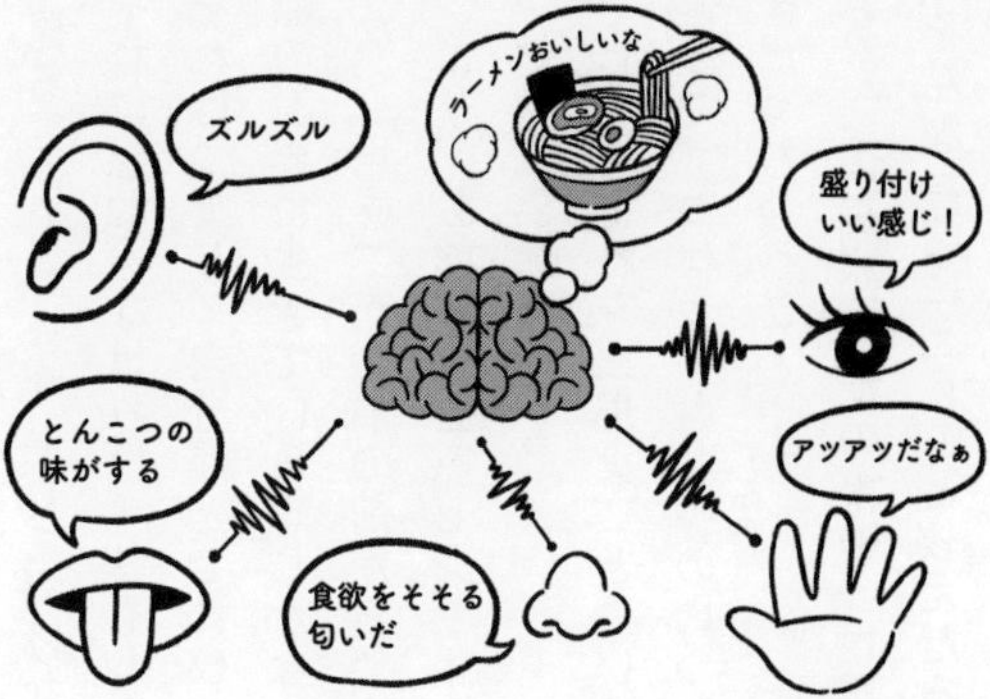

「触れなくても痛みは作りだせるとでも？」

「そや。痛みだけやない。

お前が見てる世界、聞いてる世界、感じてる世界すべてに同じことが言える。

センサーを通して、情報はインプットされ、電気信号として脳内に送られる。五感……つまり視覚、聴覚、触覚、味覚、嗅覚は、その電気信号が映像として映しだされているものに過ぎへんのや。

逆にもし、お前に五感がなければ世界を認識することはできへん」

「五感がなければ世界を認識できない??」

「じゃあ、もし、すべての五感（視覚、聴覚、触覚、味覚、嗅覚）がなくなったらどうなると思う？」

「見ることもできないし、聞けない。

それに感触もなければ、味もしないし、匂いもない……。

それはつまり、自分がどこにいて何をしているかも分からない。

無の世界に生きている感じかな……」

「な、【世界】がお前の前から消えるやろ？

つまり、お前らは五感センサーからの入力情報で世界を認識してるってことなんや。

そして、それを【現実】と思い込んでる。やからさっき、五感をも欺ける夢かな道具で、つねってもないのにつねったように思い込む【現実】を見せることができたっちゅうことや」

「あんなに痛かったのが嘘の世界なんて、信じられないよ」

「そんなお前にええこと教えたろ。

実際にアメリカのある実験では、電気信号を脳内に送ることに成功してな、目の

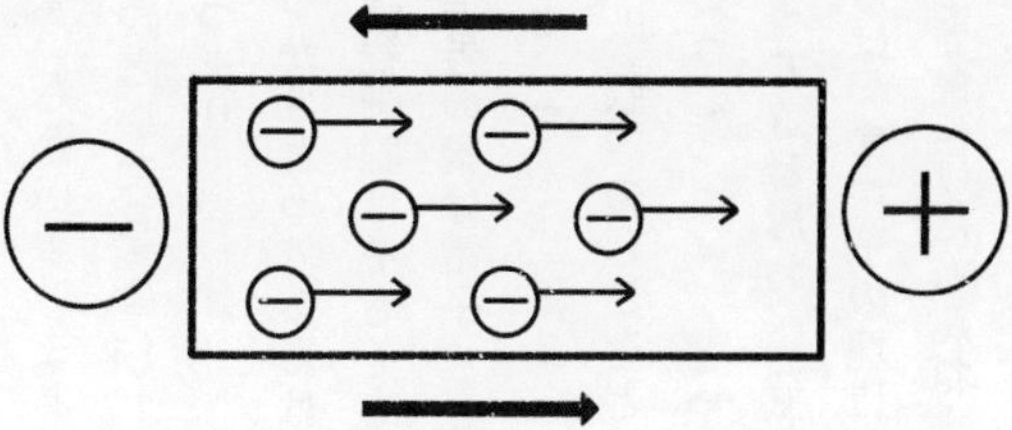

不自由な人間に映像を見せることができたんや」

「マジ？　すご！」

「ここまでの話をまとめるともっとすごいことが分かるねん。

脳内は、神経細胞による電気信号の流れで成りたってる。ほんでこれは説明不要なはずやけど、神経細胞は素粒子で構成されてる」

「その世界は量子スコープで見たよね」

「電気信号っちゅうのは、素粒子の1つ＝電子の動きによって発するものや。

中学の理科でやったはずやで。電子が動くと逆向きに電流が流れるってな」

「はるか138億年前の過去で……習った気がします……」

「自信ないんかい！　まあええわ。とりあえず、〝電気の素は電子（素粒子）〟ぐらいに思っといたらええ。

でや、つまり

●脳をつかさどってるんは神経細胞と電気信号

●その神経細胞はそもそも素粒子で、できてる

●電気信号の素は電子（素粒子）

ってことになるよな」

「はっ！　脳内のどこをとっても素粒子が支配しているじゃないか！」

「そういうこっちゃ。**どや、これも世界は全部が幻に過ぎへんっていう1つの証拠になってると思わへんか？**」

「僕たちは、素粒子の塊に対して、『机』とか『うんこ』とか勝手に名前をつけて区切ってるだけだもんね……！」

「まあ、これは昔、イギリスの数理物理学者である、ロジャー・ペンローズ博士が量子脳理論を提唱してるから、興味があれば彼が書いた『心は量子で語れるか』という本を読んでみ」

「そんな難しそうな本、僕は絶対読まないけどな！」

「お前には言うてない！　読者にや、この本を読む読者！

そんなアホなお前にはもっと分かりやすい話をしたるわ」

「アホは余計だけど、お願いします」

「そもそも素粒子や電子っていうんは、原子に内包されてんねん」

「ってことは、『この世界のすべては原子で、できている』とも言えるわけ？」

「そういうこっちゃ。ところでヒロ、原子はどんな形やったか覚えてるか？」

「たしかたこ焼きみたいな形でしょ？」

「そや。原子の中心には原子核があるって話やったよな。この原子核、どれくらいの大きさやと思う？」

「核って言うくらいだから、原子の中のそれなりのスペースを埋めるんじゃないの？」

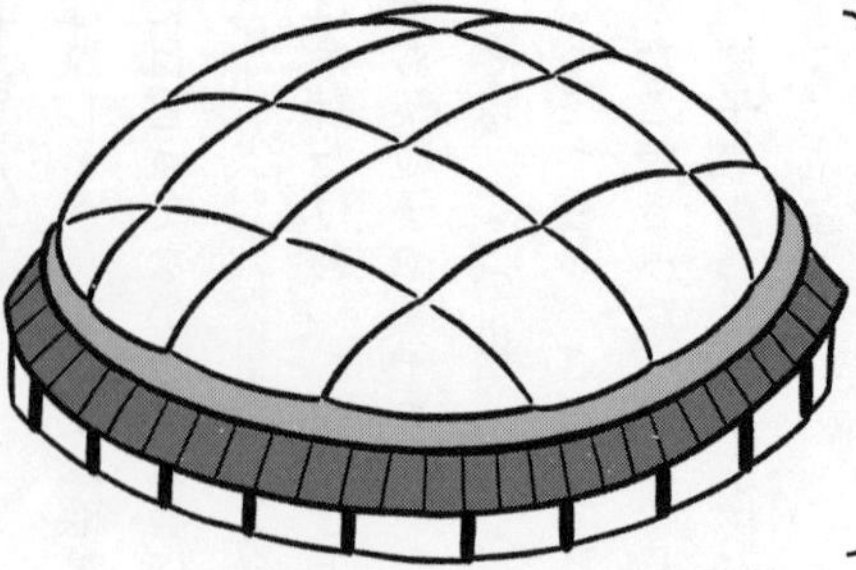

「いいや、原子の大きさを東京ドームにたとえると、原子核はパチンコ玉くらいの大きさや」

「ちっちゃ！　それほぼないも同然じゃん。それなら『核』なんて大げさな名前にせず、細木数子に頼んで改名したほうがいいよ！でもさ、それなら東京ドームの広大な空間にあたる部分には何があるわけ？　電子が満ち満ちなわけないよね？」

「電子は、満ち満ちじゃない。東京ドームの中を自由に飛びまわってるわ。

じゃあ残りはなんやって話なんやけどな。

実は残りは空間。そやな、99％以上が空間や。原子はお前の頭の中みたいにスカスカなんや」

「うっせーよ！　でもさ、僕たちを構成している原子がスカスカってことは、僕たちって……」

「そう、おばけのようにほとんどは空間で実態がないってことになるな」

「じゃ、じゃあ、どうして通り抜けずにモノに触れたり、握ったりすることができるってわけ？」

「それはな、電磁気力のおかげなんや」

「でんじきりょく!?」

「そや。自然界にはな、電磁気力、重力、強い力、弱い力の『4つの力』が存在する。ほんでその1つが電磁気力や」

「どんな力なの？」

「電磁気力っていうんは、プラス（＋）の電荷の陽子と、マイナス（－）の電荷の電子が引っ張りあう力や」

「それと今回のモノを通りぬけない件になんの関係が？」

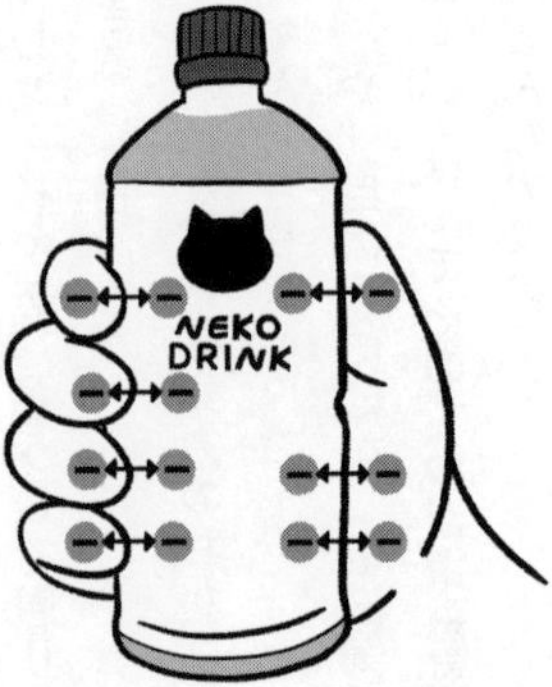

反発しあうから、通り抜けずに握ることができる！

「お前らの手は原子で、できてるよな？」

「手どころか、すべてがね」

「ってことはやで、例のたこ焼きの図を思い出せば分かると思うけど、手のひらにはマイナス（－）の電荷の電子がびっしりやねん。

そして、お前が握ろうとしたモノにも電子がびっしりや。

原子核の周りに電子が飛びかかってるわけやからな。

じゃあヒロ、マイナスとマイナスがぶつかると……？」

「反発しあうよね。

磁石のS極とS極を近づけた時みたいに」

「そう！　だから通りぬけずに済むってわけや。厳密に言うと、触れているようで、反発しあってるだけやねん」

「でも、さすがにスカスカの原子で構成されている僕たちが床や地面の上で歩くことができるのはおかしくない？　自分で言うのもなんだけど、僕ってけっこう重いよ？」

「それも電磁気力で説明できるで。**お前らスカスカ人間が床や地面を歩けるんは、電磁気力の大きさが重力よりも強いからや。**重力っていうんはな、4つの力の中で最も弱いねん。せやから、『お前らの身体の電子』と『床や地面の電子』との間に働く反発力（電磁気力）が重力より上回って、床や地面の上を歩くことができるんや」

「もし電磁気力がなければ、僕たちは地球の裏側までストーンと幽霊のように通りぬけてしまうってことか……。**触れているようで実際には触れていない。**

まさに錯覚の世界……。

じゃあ今日の幽体離脱も、もしかして?」

「ただの、錯覚や。

よくできた夢やったばっかりに、お前の五感センサーが誤作動を起こしたんやろな。

この世界はほとんどが実体のないバーチャル空間=仮想現実の世界や。そもそもお前ら人間は常に幽体離脱しとるようなもんやで」

「それ、映画で見たことある!

『マトリックス』だよね!?」

「そや。脳科学的にも、お前が現実と思ってる世界も、結局は五感を通した電気信号が変換されたものだということが分かった。

量子力学的にも、見ている世界や触れている世界は、ほとんどがスカスカの空間であり、実体のない世界だということが分かった。

般若心経も言ってるで。

『この世は実体のない空』やってな」

「ってことは、逆に言えば僕たちは自由自在に世界を創れるってこと⁉」

「にゃっはっは。

にゃーっはっは。

にゃーっはっはっっはっはは。

どうやろな？

これでも見て、勉強しとき」

叶えもんは意味深な笑い声を上げながら僕に1枚のDVDを渡し、そのままどこかへ出かけていった。

タイトルは『マトリックス』。

ちょうどさっき話題に上がった作品だ。

原子の絵に似たディスクをケースから取りだし、さっそく再生した。するとサングラスをかけた黒ずくめの強そうな男が画面を介して僕に問いかけた。

「現実とは何だ？

〝現実〟をどう定義する？

感じるとか、匂いをかぐとか、味わうとか、見るとかを現実とするなら、現実とはキミが脳で解釈した電気信号に過ぎん」

今回の夢かなセンテンス

- 「すべてはエネルギーである」
- 「人間は五感センサーを通して世界を認識している」
- 「現実と思っている世界は仮想現実かもしれない」

夢を叶える秘密のワーク

見える世界と見えない世界にどんなものがあるか書きだしてみ。その全部が$E=mc^2=h\nu$に当てはめられるねん。自分でやってみることで、この世界はすべてがエネルギーってことが実感できるはずや。

第2幕

価値観をゼロから書きなおそう

ミジンコだっていいじゃないか！

【過去書きかえノートとペン】

明日は一世一代のイベントが開催される。

この現実世界でそれは「合コン」と呼ばれる。

もちろん、ダメダメな僕だ。合コンの経験なんてない。ところが昨日、大学の先輩から久々に連絡があって、行くことになったのだ。

もちろん「戦力」として考えられているなんて思ってはいない。これもきっとただの数合わせなのだろう。そんなことは分かっている。

しかし、叶えもんと出会ってからほんの少しではあるが、自分の人生についてモチベーションが高まっている。

そう、この合コンには無限の可能性が広がっているのだ！　ただ、僕は1つだけ重大な問題を抱えていた……。

「ねえ、叶えも〜〜ん！　明日は、僕にとって人生が変わるかもしれない一大イベント『合コン』がある！

でも……実はね、僕、女性が怖いんだ……」

「合コンくらいで騒がしいやっちゃ。

で、なんで女性が怖いんや？　お前バツイチやろ？　女性が怖かったら、どうやって結婚したんや」

「いや、もうまさにその結婚が原因なんだよね。元妻のせいで、女性に対して圧倒的トラウマがあってさ。

あれはだいぶ前の話になるんだけどさ……」

こうして僕は、叶えもんに「自分の過去」について話しはじめた。

元妻との出会いは、今から遡ること6年。

当時、mixiというSNSサイトで、京都に住む女性と知りあい、メッセージ交換をすることになった。

彼女の名前は真実《しんじつ》と書いて「まみ」。

僕の住む東京から遠く離れた京都に住む女性。それなのに、彼女のメッセージはすごかった。

これだけの遠距離でありながら、彼女のメッセージはどれもこれも僕の心のブルを射止めたからだ。

しばらくの後、意を決した僕は彼女をデートに誘った。

届いたメッセージは「YES」。

デート当日まで僕は身なりを整え、おしゃれな友人にお願いしてとっておきの衣装までこしらえた。

デート当日。初めて生で見る彼女は、清楚な雰囲気。気配りもできるし、品も良くて礼儀正しい。名前に嘘偽りのない女性だった。こんな素敵な女性と出会うチャンスは二度とないと、その日のうちに駄目元で一世一代の告白をした。

彼女はこちらに微笑みかけ、そっと僕の手をとってうなずいた。

次元を歪めるほど心は舞いあがった。こうして、僕たちの遠距離恋愛は始まったのだ。

僕は東京のソフトウェア会社（ブラック企業）でSEとして働くサラリーマン。彼女は京都で人気ウェブデザイナーとして活動していた。忙しい僕たちにはデートのチャンスがなかなかなかった。会えても2カ月に1回がいいところだ。

どうにか一緒にいたい僕は、ない頭であるアイデアを思いつく。

「そうか、結婚すればいいんだ！　そしたらもっと一緒にいられるじゃないか！」

まったく異性からモテない人生を歩んできた僕のアイデアなんてそんなもんだ。

京都の夜景がきれいなレストランに呼びだし、僕は彼女にプロポーズをした。なけなしのお金でダイヤモンドの指輪も用意した。

彼女は薬指をこちらに差しだし、またもやこくりとうなずいた。

勝利の女神と愛の女神が同時に僕の目の前に現れた気がした。そして、僕たちはめでたく人生のパートナーとなった。

……しかしこの時、僕がノックしていたのは地獄への扉だったのだ。

――3カ月後。

「真実さん、掃除できました！」

「はぁ？　お前の目は節穴かぁ？　まだホコリ残ってるやんけぇ？　ホコリみたいなお前と一緒に捨てたろか？」

「はい！　申し訳ございません！　出なおしてきます！」

「次は、お風呂や。お風呂入れてきて～」

「はい！　かしこまりました！」

「お風呂のルールは分かってるよなぁ？」

「はい！　もちろんです！　かならず真実さんに入っていただいてから、僕はその後入らせていただくという形で」

「そうや。ホコリが入ったお風呂なんて入れるか！」

これは決して、どこかの王様と召使いのエピソードじゃない。僕と彼女の結婚生活の1コマだ。僕が心の底から望んだ彼女との結婚生活は、光子の1つすら届かない真っ暗闇だった。

そんな辛い日々に耐えつづけていたある日、僕は彼女より早く帰宅したので夕飯の支度をしていた。

「ただいま〜。おい、夕飯できてる？」

「はい！　もちろんでございます」

僕は、我が家における絶対権力者の機嫌を損なわぬように、彼女の健康を考えた、おから製のヘルシーなハンバーグを提供した。

ところが彼女から返ってきた言葉が、僕の鎖につながれた首をさらに強く締めあげた。

「なんや、このウサギのエサのような飯。こんなん食えるか！ 作りなおしや！」

それからもこの奴隷のような生活はマシになるどころか、日に日にひどくなる一方だった。

彼女が僕に、奴隷の立場すら揺るがすとんでもない一言を放ったのは、それから3カ月後のこと。

「何度言ったら分かるんや！ お前は、、、ミジンコ、、、以下か??」

あまりに突然の言葉に僕はびっくりした。奴隷どころか彼女にとって僕は人間ですらなかったらしい。

それも、ミジンコ。僕の心は木っ端みじんになった。

このままでは僕は一生惨めなミジンコ生活を送ることになるかもしれない。

その日の夜中、僕は、気づかれぬように布団の中で枕を噛みしめながら叫んだ。

「(早く人間になりた～～い!)」

この願いは思わぬ反射角で実現することになった。ある日、家に帰るといつもいるはずの彼女の姿がない。それどころか靴もない。服もない。ここに住んでいたという気配すらないのだ。

ミジンコ30歳。何もかもを失った瞬間だった。

「ね、叶えもん、ひどいだろ? 同情してくれるかい?」

「にゃっはっは。ミジンコとは傑作やな。彼女の言葉のセンスはなかなかのもんやで」

「ちょっと！　バカにしないでよ！　こっちは過去のトラウマで真剣に悩んでいるんだよ！

こんなことがあったらきっとあんなにポジティブな松岡修造だって、女性恐怖症になると思うんだけど……」

「**過去は単なる記憶のデータの塊や。**やから、その記憶を書きかえたら問題が解決されるはずや」

「へ？　過去は単なる記憶のデータ？　どういうこと？」

「人はな、1秒間あたり4000億ビットの情報が潜在意識にインプットされていると言われているんや。

これな、たとえばよくある文字の大きさで『0』を4000億個印刷すると、なんとだいたい60万冊の本ができあがんねん」

「そんなにたくさん!?　それをたった1秒の間に？　脳って、すげえ」

「そや、お前らの脳ってすごいんやで。

ただその数の多さゆえ、トラウマができる原因にもなってる。

4000億個の中にはもちろんネガティブな言葉や暴言も含まれるはずやろ？

それが情報の1つとして脳に紛れこんでしもて、インプットしてしまうねん。

で、それが元でトラウマができあがっていくってわけや」

「4000億個もあれば、自分にとって不都合な情報が流れこむのも仕方ないのかもね……」

「ただ、トラウマやって所詮、記憶のデータの塊に過ぎへん。CDやDVDのデータを上書きするような感じで書きかえることができるんや。

これでも使ってみ」

「過去書きかえノートとペン〜〜！」

使い方

トラウマを、このペンでこのノートの所定の位置に書くと、次の日の朝、過去が書きかわっている。

叶えもんから差しだされたノートとペンを手にした僕は、さっそくノートの1ページ目を開いてみた。

するとなにやらメッセージが書いてある。

「書きかえたい過去をここに書いてください」

「ねえ、叶えもん。ここにトラウマを書けってこと?」

「そや。そしたら次の日、たちまちそのトラウマが違う現実に書きかわってるはずや!」

「本当に〜?」

「やるか、やらんかはお前次第や」

「はいはい。『無限の可能性が広がってるかもしれへんのにやらんのか?』って話でしょ。やりますよ、やりますとも!」

こうして僕は、ノートの所定枠に特別なペンを使って、消したいトラウマとして「女性にミジンコ以下と言われた過去」と書いた。本当にこんな簡単なことで、頭にびっしりこびりついたこのトラウマを消すことなんてできるのだろうか？

疑心暗鬼になりながらも、明日の合コンにそなえ、早めに布団に入ることにした。睡眠不足は、お肌の大敵って言うしね。

——そして、決戦の日はやってきた。

「おはよう、叶えもん。ねえ、なんか『ミジンコ以下』って言葉に未だ胸がチクチクしてるんだけど。過去、変わってなくない？」

「にゃっはっは。まあええから、ええから。とりあえず合コン行ってこい！　そしたら分かるはずや」

合コン開始5分前。僕は会場の前で呆然と立ちつくしていた。なぜならこの段階にきてもなお、「ミジンコ以下」という言葉に胸がチクチクするからだ。

すでに席についていた女性陣の顔を見て、僕はさらにその現実を恨みに恨んだ。僕の目の前に座ったのが、書店で会ったあのチャイナドレスの女性だったからだ！うれし涙と悲し涙が同時に出そうになった。

彼女の名前は、「美穂」……というらしい。名前までかわいいじゃないか。

すっかり鼻の下が小宇宙くらいに伸びきった僕だったが、過去のトラウマが邪魔をして、結局残り時間は30分を切っていた。

頭の中で、ウルトラマンのランプが赤くなった時の音が聞こえる。

「こんなチャンス二度とない！」。そう思った僕はのどの奥を無理やりこじ開け、腹の底から声を振りしぼった。

「僕、バツイチなんだけどね、昔、元妻にミジンコ以下って言われてさ」

僕は何を言っているのだろうか。自分で自分の発言が信じられなかった。

きっとこんなことを言ったのは、昔読んだ恋愛本に「恋愛の鉄則は、まず自分のことを知ってもらうこと」と書いてあったからだろう。「自分自身はトラウマで、できている」と考える僕は、生真面目にもその鉄則を守ってしまったのだ。

それに、そうじゃなくても、これ以外に話すことが何にも思いつかなかった。

ところが彼女は、僕のとんでもない変化球に対して、さらに予想外の回転をかけなおし、僕に返してきた。

「え！　ミジンコってかわいいじゃん」

「（えっ、ミジンコがかわいい？）」

そして美穂さんは、おもむろに携帯を取りだし、「ミジンコ」について調べはじめた。

「ねぇ、高橋くん（だっけ？）。知ってる？　**ミジンコのDNAは人間のDNA**

の数より8000個も多いんだって！」

「えっ、そうなの？」

「人間って、ミジンコ以下だったんだね！」

僕は雷で撃たれたような衝撃を受けた。

「ミジンコ」と言われて、バカにされたと思っていた。

だけど、それはただの思いちがい。僕はミジンコ以下だけど、ミジンコ自体が「悪い」と決めつけていたのは自分自身だったのだ。

彼女は続けざまにこんなことも教えてくれた。

「**ミジンコって、自分と同じクローンを産む力も持ってるんだって！** すごくない？」

ミジンコは有性生殖と無性生殖ができるらしい。無性生殖ということは、クローンのように自分で自分をコピーして繁殖できるということだ。人間がまだ実現できていないクローン技術をミジンコはすでに持っている。しかも生まれつきだ。

もしかしたらミジンコは人間が進化した存在なのかもとさえ思えてくる。元妻が僕に対して〝ミジンコ！〟と発言した本当の意図は、

〝お前は、進化した人間だ。THE GREATEST MIJINKO MAN！〟

と言いたかったのかもしれない。

つまり、〝ミジンコ〟という表現は、褒め言葉だったんだ！　この時、過去のトラウマの出来事がいつのまにかプラスの出来事に変わっていることに気づいた。もうさっきまでの僕じゃない！　会話で彼女を楽しませなくては！

ただ、トラウマを乗りこえたからって会話力が上がるわけじゃない。

僕の過去を変えてくれた目の前の救世主に対して勢いで話しはじめたのは、あろうことか叶えもんから学んだ量子力学の不思議な世界についてだった……。

「すべての物質は素粒子という粒で、できてるんだよ」

話しおえて、「はっ！」と気づいた。こんな話、普通の女性が楽しいはずがない。

ところが彼女から返ってきた言葉は……。

「違うよ。本当は物質って波動で、できてるんだよ」

僕は彼女の言葉を聞いて、叶えもんから学んだ素粒子の波と粒の「二重性」について思い出した。

この時、僕の頭の中で波と粒が統合し、宇宙創造のビッグ・バンが起きた。

「美穂さん、連絡先を教えてくれませんか？」

二度とこないだろうチャンスを逃すまいと、僕は潜在意識の声をそのまま彼女に届けた。そして、見事彼女の連絡先をゲットしたのだ。

思いも寄らぬところに奇跡は転がっている。今はまちがいなくそう言える。

その日、いつもより広くなった歩幅で自宅までの道のりを歩いた。

「叶えもん！　この夢かな道具、すごい！　本当に過去が書きかわったよ！

僕は〝ミジンコ以下〟と言われていたことを勝手にネガティブにとらえていただけだったんだ。

そして、ついにチャイナドレスの女性の連絡先をゲットするところまでたどりついた！　叶えもん、本当にありがとう！」

「ようやく気づいたようやな。**事実は1つ、解釈は無限や。**人はな、同じ世界を生きているようで、人の数だけ、解釈の数だけ、見えてる世界が異なるんや。

遠足に行く子どもにとって雨は、どんな存在や？」

「もう最悪な気分だよね。だから、『雨が降りませんように』って、てるてる坊主を作るわけだし」

「じゃあ、日照りがつづいた農家の人にとってはどうや？」

「ん？　そりゃ、恵みの雨だよね。雨が降らなきゃ、作物が全部枯れちゃうじゃん。……はっ！　同じ雨なのに、悲しむ人もいれば、喜ぶ人もいる！」

「そういうこっちゃ。目の前の現実はな、目の前の人が〝どう見るか〟で、初めて〝何者〟かが確定するんや。このルールはどんなものにも例外はないで。

そして、この解釈を変えることを心理学の世界では、リフレーミングと呼ぶんや」

「リフレーミング？」

「そや。フレームとは額縁のこと。どんなにみすぼらしい絵でも額縁が立派やとすばらしい絵に見えるやろ？　そんなことから〝リフレーミング〟という名前がつけられたんや」

「あぁ、なるほど。その経験ならあるよ。

僕、小学生の時、サッカー部に入ってたんだけどね。

ある日、ブラジル人の転校生がやってきたわけ。
ブラジルってサッカー大国でしょ？『その子もサッカーがうまいに違いない！』って、みんなが言いはじめてさ。サッカー部のみんなで入部のお願いしに行ったんだよね。そしたら、『サッカーやったことない』って言われて……」
「にゃははは。お前らは転校生を、〝ブラジル人やから、サッカーがうまい〟って勝手に思い込みの額縁にはめたわけやな」
「う、うん……。でもさ、その額縁はどうやって変えればいいわけ？　どうしたら、リフレーミングできるの？」

「**額縁を変えるには、過去の出来事の裏側を見ることや。**

お前が、〝トラウマだらけの過去〟と決めつけた中にも、かならず〝悪い面〟と〝良い面〟が共存してんねん。

せやから、嫌な過去があるなら、その裏側を探してみ。絶対にそのおかげで、できたこととか、学んだことがあるはずや。

お前が鬼嫁と出会って学んだことはなんや？」

「う～ん、強いて言うなら〝結婚相手は慎重に！〟って教訓を得たかな。でも、そんなことくらいで、鬼嫁と出会って良かったとは、思えないよ？」

「じゃあ、元妻に感謝できることはあるか？」

「え、恨むことはあっても、感謝できることなんてあるわけないよ！」

「いいやあるで。しかも、とてつもないやつがな。鬼嫁がおらんかったらお前はミポリンの連絡先をゲットできてへんはずや。

過去に『ミジンコ！』って言われたおかげで、お前はミポリンとの会話を盛りあげることを見事、成功させたんやから」

「た、たしかに……。鬼嫁のことがなければ、終始無言だったに違いない……」

「ええか。悪いと思ってる出来事にも、絶対にその裏側が存在する。これはこの世界の仕組みやから絶対や。

人生でうまくいかない人っていうんはな、目の前の出来事を勝手にネガティブに解釈して、片方ばかりを支持している人なんや。

これは量子力学の世界では、多世界解釈と呼ばれてる」

「多世界解釈？」

「そや。さっきも言うたやろ。目の前の事実に意味はない。目の前の人がどう見るかで何者かが確定するんや」

「叶えもん。僕、なんだか、これまで何事も自分で勝手に〝できるわけない〟って決めつけてた。だから、実際に〝できるわけない〟って現実が目の前に現れてたんだね……。待ってろミポリン！　かならず僕の彼女にしてみせる！」

「にゃっははははは。現金なやっちゃ」

ミジンコと言われた最悪な過去が、コインを裏返しにするように、最高な現実に姿を変えた。僕の目の前には信じられない現実が姿を現したのだ。

今回の夢かなセンテンス

「過去は解釈次第。書きかえることができる」

夢を叶える秘密のワーク

まず、過去の最悪な出来事や嫌な出来事をノートに書きだしてみ。そしたら、その出来事によって、学んだことや感謝できることを書きだしてみるんや。絶対にあるはずやで。

人生の裏と表をひっくりかえす【セルフイメージアップミラー】

見事過去の解釈を変えることに成功した僕は、あれからもミポリンと毎日のように連絡を取りあっていた。日常会話くらいならできるようになった僕だったが、もともとダメダメな奴が、いきなり大胆な行動をとれるわけもなく……。

「叶えも〜ん。助けて、助けて、助けて〜！」

「なんや、朝から騒がしい奴や」

「あのね、ミポリンと、あのミポリンと明日、デートすることになったんだ！」

「自慢話かいな。ワイはヒマやないんや。ほな二度寝させてもらうで。おやすみ〜」

「二度寝のどこが忙しいのさ！　女の子とデートに行くなんて何億年ぶりか分か

らないし、どうも自信が湧かなくって……」

「何億年ぶりか分からんってお前、デーモン閣下よりも長生きかいな。

この前の過去書きかえノートとペンで、生まれ変われたんちゃうんか」

「うん。たしかに、ミジンコと言われた過去は変えられた。

それに、なんか人生が変わった気もする。

だからなんとかデートのお誘いまではこぎつけた。

でも、いざ幸せが手に入りそうになると、なんだか怖くなって、自信がなくて、

ネガティブないつも通りの僕がまた顔を出すんだ。

お話しするのだって上手じゃないしさ。

ねえ頼むよ叶えもん！　新しい夢かな道具を出してくれよ〜！」

「もう、しゃ〜ない奴やなぁ。ほなこれでも使ってみ。

ほんでさっさと黙ってくれ」

「セルフイメージアップミラ〜〜！」

使い方

この鏡に向かって、「自分の嫌いなところ」や「コンプレックス」を叫ぶと、それをプラスの意味に変えてくれる鏡。

「この鏡に向かって、自分の嫌いなところや短所やと思うところを言ってみ」

「そしたらどうなるの？」

「まあまあええからやってみって」

僕はおそるおそる、鏡の中に自分の顔をおさめた。するとそこにはいつも通り、冴えない自分の顔が映っていた。

僕は藁にもすがる思いで、その自信なさげな顔に向かって、こう言った。

「僕は、自分のネガティブなところが嫌い！」

すると、不安げな顔がひとりでに口を開きはじめたのだ。

「そのおかげで、物事に慎重に取りくめる。慎重だと、失敗が少ない。

それのどこが嫌いになる必要があるの？」

ドキッとした。鏡の中の「僕」は、「ネガティブなおかげで失敗をせずに済んでるじゃないか！」と、自分の嫌いな部分をむしろ肯定してきたからだ。

でも、たった1つ価値観を変えられたからって、僕の人生が変わったわけじゃない。そこで、つづけざまに「自分の嫌いな部分」を叫んだ。

「自信がないところも嫌いだ！」

するとまたもや、鏡の中の自分が僕の叫びに新たな価値観を差しだしたのだ。

「自信がないということは、人の意見を尊重できるということだ。自信満々なキミの同僚は幸せそうか？」

よーく考えるとたしかにそうだ。なんでも自信満々な同僚がいる。別に仕事が特段できるわけじゃないし、顔だってイケメンじゃない。それでも何事も自信満々なものだから、みんなからは陰で「勘違い野郎」と呼ばれている。

あの光景を見て、1ミリもうらやましいと思ったことがない。

また、もう1人仕事がバリバリできるほうの自信満々な同僚もいる。だが、こちらは自信があるせいで人の意見をまったく聞かず、一匹狼と化している。それも勘弁だ。

たしかになんだか自信がないことがいい性格のように思えてきた。

しかしだ、自信がないせいで僕は自分の意見が言えない。

「鏡よ、鏡よ、鏡さん。そればっかりは直したほうがいいよね？」

「いや、無理に意見を言う必要はないよ。キミが無駄に意見を言わないからこそ、キミの周りはいつでも平和なわけだしね」

この鏡の中の住民は自分と同じ顔のくせに、なんて説得力のあることを言うのだろう。僕は何も言い返せなかった。

僕は意見を言うのが苦手だ。でも、そのおかげで同僚には「穏やかな人」ということで通っている。

悪いことばかりではないじゃないか！

「叶えも～～ん！　この鏡、すべての短所が長所になって返ってくるんだけど……」

「にゃははは、そや。一般にネガティブは良くないと思われている。やけどな、この夢かな道具が言うように、**ネガティブなおかげで人は慎重に考えて、リスクを回避することができるんや。**松岡修造みたいに、ポジティブで情熱的な人間ばっかりになった世界を想像してみ？」

「うーん、ポジティブすぎると、崖すら怯えずに進んで、ケガが絶えなそうだね」

「そう。一般にはポジティブ思考がいいと言われてる。でもな、あまりにポジティブ思考に偏りすぎると、猪突猛進になって、現実的に物事を判断できへんくなる。お前の同僚みたいに周りから疎まれることもあるやろしな」

「たしかに世界中が松岡修造だったら暑苦しいよ……」

「つまりな、ネガティブにもメリットがあって、ポジティブにもデメリットがあるねん。

この世界のすべての出来事は陰と陽で成りたってるんや。

磁石はS極とN極。

人間は男と女。

表があるから、裏がある。

右があるから、左がある。

上があるから下があるんや。

お前がダメダメなんは、優秀な奴がおるからこそやで」

「うるさいな!

……でも、それはたしかにそうだね。優秀な奴を集めたとしても、結局その中で優劣が生まれるもんね。**優秀な奴には感謝してほしいもんだよ！　僕のおかげでお前たちは優秀になれてるんだぞ！**　って」

「そやねん。ダメダメな奴らを集めても、ダメな奴と、特にダメな奴に分かれる。かならずこの世界の物事には高低差が生まれるんや」

「これは素粒子の世界も例外やないで。原子も、電子と陽子の陰陽で成りたっとる。やから陰と陽のどちらかを否定すると、存在できなくなってまう」

「素粒子も波動性と粒子性があるよね」

「そう。その2つの性質は相反する関係や。

ほんでな、こんなふうに相反することがお互いに補って事物や世界を形成していることを量子力学の世界では**相補性**《そうほせい》**の原理**というんや」

「え、なんだかお互いが補いあってる感じがして素敵な名前じゃない？」

「だから言ってるやろ。陰と陽、どっちが良いも悪いもないって。

ところで素粒子の世界と打って変わってマクロの世界、宇宙についてもすごいことを教えたるわ。

宇宙が誕生したんは、138億年前や。じゃあ宇宙が誕生する前はどんな世界やったと思う？」

「えっ、宇宙のビフォアの姿？　ライザップ的に言うと、太っちょだったとか？」

「なんでライザップ的に言うねん！　関係ないわ！

138億年より前の宇宙は無の世界やってん」

「太っちょどころか、むしろ無？

何もないってこと？」

「そや。『＋1』と『－1』がくっつくとどうなる？」

「バカにしてるわけ？　さすがの僕でもそれくらいは分かるよ！　ゼロだよ、ゼロ！　中学生でも分かるよ」

「そう。宇宙はまさにその状態やった。

その頃の宇宙には素粒子と反粒子が同じ数だけ存在して、ぴったりくっついてた。つまり〝1つ〟やったんや」

「はんりゅうし？　韓流ドラマと何か関係が？」

「どこまでボケボケやねん！　反粒子や！　素粒子がプラスの電荷を持っているとしたら、反粒子は反対のマイナスの電荷を持ってる粒子だと思ったらええよ。プラスの電荷の（粒子）とマイナスの電荷の（粒子）が同じ数だけ存在してた。やから、プラスとマイナスが相殺され、ゼロの状態、つまり、無の状態になるってことや」

「そこには陰も陽もなかったってこと？」

「もちろんそうや。〝1つ〟やからな。

そこにビッグ・バン……そう、超絶怒濤の衝撃が起こって、陰と陽に分かれたってわけや。

がっちり手をつないでたプラスの力とマイナスの力が、衝撃によって無理やり手を放させられたんや」

「うぁー、なんかすごい神秘的だね。

ミクロの世界の素粒子もマクロ世界の宇宙も陰と陽で成りたっているのかぁ」

「ちなみにすべては陰と陽で成りたっていることは、アンパンマンの作者であるやなせたかしもすでに知っていたようやで。

アンパンマンはな、ばいきんまんを絶対に殺したりはせえへん。ほら思い出してみ。アンパンマンは、アンパンチでばいきんまんを自宅に帰らせてるだけやろ」

「たしかにばいきんまんが死んだところは見たことないな」

「じゃあ、なんでアンパンマンはばいきんまんを退治しないと思う？」

「うーん、なんでだろう？」

「**それはな、アンパンがふっくらするためには菌の力が必要やからや。**アンパンマンの力の源は酵母菌やねん。ばいきんまんなくして、アンパンマンならずや！

それにな……」

「それに？」

「アンパンマンがみんなのヒーローなのは、悪役のばいきんまんがおるからやで。**悪がなくなったら正義もなくなるねん**」

「たしかに、ばいきんまんがいなかったら、アンパンマンはただの……アンパン……。悪の組織がないなら、ヒーローもいらないよね」

「そういうこっちゃ。ヒーローを存続させるためには悪の組織が必要や。

病気があるから医者がいる。

犯罪者がいるから警察がいる」

「たしかに……」

「それとおんなじように、**長所の中にも短所があり、短所の中にも長所がある。**

お前らの世界ではそのことを〝陰中の陽（陰の中に陽があること）〟、〝陽中の陰（陽の中には陰があること）〟と言うんや。

こんなマーク（右図）を見たことないか？」
「あぁ！　なんか神社とかで見たことあるような」
「小さい黒丸と白丸を見てみ。対極の中心でどしっとまんまるに陣どってるやろ。
お前が〝良い〟と思ってる部分も、〝悪い〟と思ってる部分も全部お前の一部や。
つまり、お前がお前として存在するために必要な性格っちゅうことやねん！」
「う、うう。叶えもん……どうしてだろう。
涙が勝手にこぼれてきたよ……」
「お前の中のこれまで見向きもされなかった闇の部分が喜んでる証拠や。
お前の中に無駄なものなんてない！
それが分かったら、自分を少しでも好きになれへんか？
自信が湧いてこーへんか？」
「う、うう……。
うん。ちょっぴりだけど、デートうまくいきそうな気がしてきた」
「泣いてるお前にもう1つ、アドバイスしたるわ。

自分を愛することができへん人に、人を愛することなんてできへんで」

そして、夜が明けデートの日がやってきた。待ち合わせ場所で待つ僕の視界に遠くからやってくるミポリンが入った。

ミポリンは光り輝いて見えた。その輝きは、周りのすべてを闇に変えてしまうほどキラキラとして見えた。

「ミポリン、あ、いや美穂さん、今日は来てくれてありがとう」

「ヒロくん、こちらこそ。すっごい楽しみにしてたよ。でも昨日、なんだか自分に自信が持てなくて、ぐっすり眠れなかった……。だからお肌の調子良くなくて……。あんまりこっちを見ないでね」

「美穂さん、全然そんなことないよ！　いや、もしそうだとしても、〝お肌の調子が悪いキミ〟も含めてキミだ！」

「ヒ、ヒロくん、何それ。でも、なんだかうれしい。ありがとう」

「それにね。自信がないキミもとても素敵だと思うんだ。だって、自信がないってことは人の意見を尊重できるってことだろ？　つまりキミは思いやりのある素敵な人ってことだ！」

「も、もう！　ヒ、ヒロくん。会って早々なんなの！　照れるじゃん！　もう行こう！　今日は映画に連れていってくれるんでしょ!?　……ねぇ、ヒロくん。……映画館の中だったら暗いし、いっぱい見てくれてもいいからね」

「え。ミ、ミポリン……♡」

そう言うと彼女は恥ずかしそうにクルッと向きを変え、横顔をこちらに向けた。

そして、僕の隣にぴったりとつき、腕をぐいっと引っ張った。

それは、「好き」と言わなくても気持ちが通いあっていることが分かる、態度だった。

夢かな道具の効果は上々。

僕の気分も上々だ。

今回の夢かなセンテンス

- 「この世界の出来事はすべて、陰陽で成りたっている」
- 「陰の中にも陽がある。陽の中にも陰がある」
- 「短所は長所にも変わる」
- 「自分を愛することができれば人を愛することができる」

夢を叶える秘密のワーク

自分を好きになるために、まずは自分の嫌いな性格をノートにいくつか書きだしてみ。

そしたら次に、その中から自分の一番嫌いな性格を選ぶんや。その嫌いな性格にも絶対にメリットがあるはずやから、探してみてほしいねん。10個くらいは見つかるはずや。

そしたらどや？　自分の嫌いな性格によって得られるメリットがたくさんあることに気づかへんか？

そう。どんなにお前が「悪い」と決めつけたもんでも、全部をメリットに変えることはできるんやで！

カチンとくるのは自分のせい

【摩擦係数ゼロドリンク】

仕事は相変わらず忙しく、残業つづきの毎日だったけれど、ミポリンと僕は順調に愛をはぐくんでいた。ミポリンの気持ちがはっきりと自分にあることを確信した僕は、彼女と本音で向きあえるようにもなってきていた。

だがそんな矢先のこと、ひょんなことから2人の間に火花を散らしてしまう事件が起こってしまう。それは2人で話題のラーメン屋を訪れた時のことだった。

「ミポリン、その食べ方はありえない！　どうしてラーメンをフォークで食べてるのさ！」

そう、彼女がラーメンを目の前にして手にしたのは、「箸」ではなく「フォーク」だったのだ。中華料理に洋風を吹かすなんてありえない。しかもわざわざ店員さんにフォークを出してもらってまでだ。

「ミポリン！　ラーメンは箸を使って、ズズズズッて食べるからおいしいの！　そんなのラーメンじゃないよ！　それにフォークで食べるなんて失礼だよ！」

「食べ方くらい好きにさせてよね。小さい男！」

「小さい男だと〜！　なに〜！」

僕はミポリンが大好きだ。でも、ラーメンだって大好きなのだ。僕のことは何を言われたっていい。でも、ラーメンのことを侮辱されたことが許せなかった。

僕は怒りがやまず、頭を冷やそうとトイレに駆けこんだ。すると、そこには先客がいた。ピンク色のあいつだ。

「おいヒロ、せっかく愛しのミポリンとデートやっちゅうのに、何をそんなにプンプンしてんねん」

「うわ！　叶えもん！　なんでこんなところにいるのさ！」

「にゃははは。エイリアンがラーメン食べたらあかんなんて、誰が決めてん」

「まあダメなわけじゃないけどさぁ」

「それよりこのままでええんか？　ミポリンとケンカしたまま、この恋を終わらせてもええんか？」

「良くない！　それは絶対に良くない！　でも……フォークでラーメンを食べるのだけは絶対に許せない！」

「ちっちゃい奴やのう」

「叶えもんまで、ひどい！」

「まあ、ええわ。相手に対して怒りが湧かん方法を教えたろか？」

「え？　そんな方法あるの!?　あ、まさか道具??」

「摩擦係数ゼロドリンク〜〜！」

使い方

飲むとたちまち人間関係の摩擦がなくなるほんのりソーダ味のドリンク。飲むと、「ソーダ、ソーダ！」が口癖になる。

「なにこのへんてこな色した飲み物？　こんなの飲んで平気？」

「これを飲むとな、たちまち人間関係の摩擦がなくなっていく不思議なドリンクや。はよ飲んでミポリンのとこに戻り」

おそるおそるビンのフタを開け、中に入った液体を少しだけ口に含んでみた。するとその液体は氷のように舌の上をすべり、一瞬で胃の中までたどりつくのが分かった。

ほんのりソーダの味がするが、それも分からないほどなめらかに体内へとすべりおちた。

「ふう叶えもん、全部飲んだよ。なんかスルスル舌の上をすべるせいで飲んだ気がしないけど」

「にゃははは、それでええんや。あとは夢かな道具に任せとき」

叶えもんはそう言って、僕の背中をドンッ！　と強く押した。その勢いのせいで、僕は覚悟が決まらないまま、ミポリンの隣に戻らされた。

「ねえ、いつまでトイレ行ってるわけ？　遅くない？　あなたの大好きなラーメンが伸びちゃうんですけど！　フン！」

「ソ、ソーダよね。ごめん、ごめん。それより、さすが話題のラーメンだなぁ。おいしそう」

「え、なになに？　トイレ行っただけで、どうしてそんなに機嫌が良くなるわけ？なんか気持ち悪くない？」

「たしかにソ、ソ、ソーダよね。気持ち悪いよね。まぁでも、そんなにプンプンせずにさ。お、ミポリンはフォークでラーメンを食べるタイプなんだね」

「さっきそれで怒ったんじゃないの……？」

「ソーダ！　ソ、ソ、ソーダった。でもさよく考えたら、フォークでラーメンを食べるのもありかなって思って。だって、なんだかパスタみたいでおしゃれじゃない？」

「でしょ!? パスタもラーメンも同じ麺類。どうしてラーメンだけ、フォークで食べちゃダメなんだろうって思うんだよね。

ヒロくんもフォークで食べてみなよ!」

「ソ、ソーダ! それがいい! せっかくだからそうしてみるよ。どれどれ」

フォークでくるくる巻いて食べるラーメンは、なんだかそれだけでイタリアの風が吹いて上品な味に変わった気がした。

それに何より、箸で食べるよりもよっぽど食べやすい気もした。

すっかり仲直りしたミポリンと僕は、ラーメンを食べた後もデートを楽しみ、ミポリンを自宅まで送りとどけたのだった。

「叶えもん、ただいま〜!」

「お、その顔を見るかぎり、ミポリンと仲直りができたようやな」

「分かる〜? いやあ、この道具、ほんとにすごいよ!」

「当たり前や。ワイの夢かな道具に不可能はない！」

「でも、不思議なんだよね。あんなにミポリンにむかついていたのに、どうして急に許せたんだろう」

「それは、お前の摩擦係数がゼロになったからや。ヒロは、カチンとくるのはどんな時やと思う？」

「それは相手にむかつくことを言われた時じゃないの？」

「ちゃうちゃう。全部、お前のせいや。**お前の器が小さいからや。**どんなに粗いヤスリでも、氷の上ではスルスルすべるだけで、なんの意味もあらへんやろ。

それにな、イラっとしたり、カチンときたりするのは、自分の器の小ささを相手が教えてくれてるってことやねん。自分の器が小さいからちょっとしたことでイラっとしたり、カチンときたりするねん」

「器が小さい……」

「この世に争いや戦争が起きる理由ってなんやと思う？」

「争いが起きる理由？　どちらか一方が悪いことをしたからでしょ？」

「ちゃう。それはな、**自分の価値観や考え方が正しくて、相手の価値観や考え方がまちがっていると否定するからや**」

「僕たちの場合も、〝フォークでラーメンを食べるのは、まちがってる！〟ってミポリンの価値観を否定したからこそ争いは生まれたんだよね」

「そう、〝フォークでラーメンを食べること〟が悪いと決めつけたんは他でもない、お前や。

おんなじことがお前の周りでもたくさん起こってへんか？」

「あぁ、たくさんあるね。会社でも社員同士が自分の主張ばかりして〝あるべき論〟ばかり言ってるんだ。

いつも会社はこうあるべきだ、

システムはこうすべきだ、

ルールはこうあるべきだって、

みんなが言いたい放題でいつもケンカしてるし、一向に話が進まない」

「にゃははは。みんながみんな自分の常識をぶつけあってたら、そりゃ一向に話は進まへんやろな。**ある人にとって正しいと信じている世界は、ある人にとってはまちがってる世界になる**」

「でもさ、さすがに正しくないこともあるよね？　たとえば、嘘をついちゃいけないとかさ」

「『嘘をついてはいけない』というルールがあるなら、ほとんどの人間が毎日のように嘘をついてるやんけ」

「毎日嘘をついている⁇」

「そや。起きてる真実をありのまま伝えることができてる人なんて世の中にはおらへん。たとえば、虹って何色か知っとるか？」

「叶えもんはアホなの？　7色に決まってるじゃん！　そんなの誰でも知ってるよ！」

「ほら嘘ついてるやんけ。虹はアメリカでは6色と言われてる。

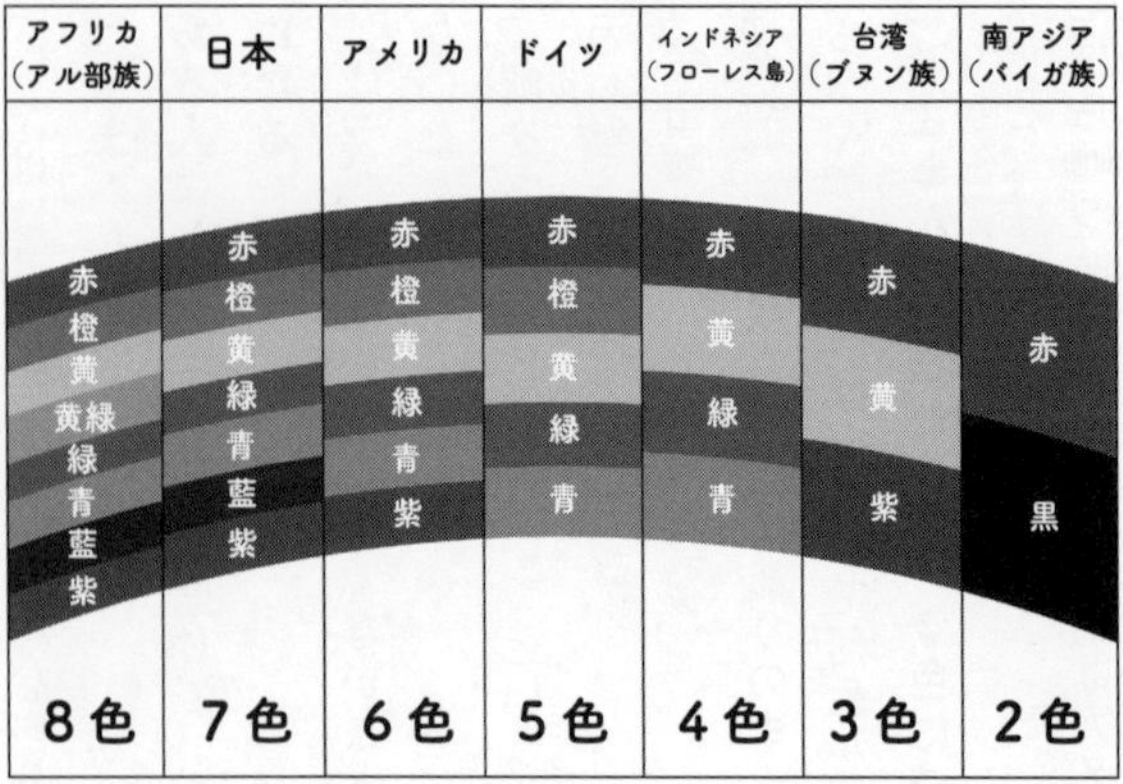

アフリカでは8色。ドイツでは5色。インドネシアでは4色。

なんと台湾では3色と言われてるんや！」

「えっ！　国によって虹の色数って違うの――!?」

「そや。それやのにどの虹の色数が正しいかなんて、誰が決めんねん」

「そ、それは……」

「国だけやないで。時代によっても認識の仕方はまったく違う」

「時代？」

「そや。たとえば、日本では昔は5色やった時代もあるし、沖縄では2色の時もあった。それが、アイザック・ニュートンが虹は7色やと言いだして、日本もニュートンに倣って7色になったそうや。つまり、アメリカで『虹は7色だ!』って主張したら嘘つき扱いされるやろな」

「……ほんとだ。僕たちの毎日は嘘の連続なのかもしれない」

「**お前がこれまで正しいと信じていたことは国や文化、時代を飛びだすと一気に“まちがい”に変わる。**どれが正しくてどれがまちがいなんて誰も言えへんねん。ええか、**この世には絶対的な正しさなんて1つも存在せえへん。**『正義』や『善』なんていうんは、特定の誰かにとって都合の良い解釈にすぎへんのや」

「でも、嘘はまだしも、さすがに人殺しはまちがいでしょ?」

「だったら、どうして毎日のように人が殺されるんや」

「毎日?」

「毎日のように死刑囚が殺されてるやんけ。死刑囚だけは殺されてええんか?」

「そ、そりゃ、罪を犯した人は法律に基づいて死刑になっているだけじゃないの？」

「法律という名の〝正しさ〟を決めたんも、他でもない、お前ら人間やんけ」

「……ほ、本当だ」

「戦国時代はなんのために人間同士が殺しあってたと思う？」

「武将同士の国取り合戦じゃないの？」

「半分正解で半分まちがいや。国を取った先に武将たちが見据えてるんは、平和やねん。おかしな話やろ。平和のために人が殺しあってるなんてな」

「江戸時代が平和だったのも、戦国時代があったからこそだもんね……」

「戦争だってそうや。それぞれの国が考える平和を勝ちとるために争ってるねん」

「でも……でも、でも！　やっぱり人殺しがいいなんて思わない！

それとも叶えもんは、人を殺してもいいというお考えですか⁇」

「アホ！　人殺しをしろなんて一言も言ってへん。〝人殺しをいけない〟と考えてる人がたくさん人殺しをしてるっちゅう事実を言ってるだけや」

「……と言いますと？」

「たとえばな、日本における交通事故の死亡者数は年間で3500人以上もいる。自動車の普及によって便利な社会になったけど、その反面で無慈悲な死亡事故も起こってるねん。

もし、人殺しがいけないって思うんならお前ら、自動車に乗るんやめたらどうや？　少なくとも年間3500人の命は救われるで」

「……それはもう手遅れだよ。こんなにも便利な世の中を今さら手放すなんて、できるわけがない」

「お前らが、本も読まずにピコピコやってるインターネット技術も、もともとは戦争のために開発されたものや。

もし戦争に反対するなら、インターネットもなくさなあかへんなぁ」

「えー、インターネットのない生活なんて考えられないよ……。ミポリンと今さら文通しろって言うわけ？」

「前にも言うたけど、すべての物事には陰と陽がある。

光があれば闇がある。

戦争があるから平和がある。

幸せがあるから不幸があるんや。

もし、平和な世の中を体験したければ、戦争を体験しないといけない。

もし、幸せを体験したければ不幸を体験しなければならない。

この世界は相対性の世界やねん」

「相対性の世界？」

「そう。この世界には絶対的なものが1つもない。

もし、地球が誕生してから今までずっと平和やったとしたら、それを平和やと認識することはできへん。

もし、幸せが当たり前のように毎日あったらそれを幸せだと認識することはできへんやろな。『深い悲しみ』という体験があるから、人は『大きな喜び』を体験できるんや。

夜空に星がきれいに輝くんは、その周りが暗闇やからなんや」

「たしかに昼に星は見えないもんね。そこに星は存在しているはずなのに。

でもさ、もし叶えもんの言うことが本当なら、車もインターネットも知ってしまった僕たちには平和は不可能ってことにならない？」

「いいや、諦めるんは早いで。

正解をいっぱい作ったらええねん。〝正解は1つ〟って決めるから争いは起きるんや。

事実は1つ、正解の数は無限大なんや！」

「それができたらかっこいいけど、そんな簡単にいくかな？」

「難しいと思うから難しくなる。

それに初っ端からそんなマクロな視点は持たんくてもええ。まずはお前の半径5メートルを全力で幸せにせえ。

近くの人を幸せにできへん奴が、遠くの人を幸せにできへんからな」

「近くの人？　ミポリンだ！」

「そや。川に小石を投げたら波が円形状にどんどん広がっていくように、ミポリンを笑顔にすることで周りのみんなも少しずつ笑顔にしていけるはずや」

「叶えもん、いいこと言う！

男・ヒロ、まずはミポリンを全力で幸せにします！」

「いい心がけや。もしまたカチンときた時は、摩擦係数ゼロドリンクを飲んだ時のことを思い出すんやな」

「もし自分がカチンときたり、イラっとしたりした瞬間は、自分の器を広げるチャンスだよね！　なんだかミポリンのこと、さらに大好きになれそうだ」

「そういうこっちゃ！

お、噂をすればミポリンからメールやで」

「ちょっと、叶えもん！　人のメール勝手に見ないでよ！

ムカー！」

「さっそく怒っとるやんけ、やれやれ」

今回の夢かなセンテンス

「絶対的な正しさは存在しない」

夢を叶える秘密のワーク

もし誰かの発言にむかついた時は、相手のまちがいを正すんじゃなくて、自分を見つめてみることやな。

自分が勝手に作りだした常識によって、相手に怒りをぶつけてないか？　その怒り、自分の器の小ささが原因やないか？

摩擦に対して、お前が受けとめへんかったら、それは争いにはならへんで。

人と人の間に働く万有引力

【万有引力ベルト】

ミポリンとのお付き合いは順調な一方、会社の人とのお付き合いは引きつづきダメダメな僕である。

今日も会社終わりに行きたくもない上司の飲み会に付き合わされている。

この人の名前は、坂口。でも、一緒に飲むと会社の愚痴《ぐち》しか言わないもんだから、みんなは陰で坂口のことを「ワル口《グチ》」と呼んでいる。

こうして2人きりで飲むことになったのも、会社のみんなが僕にその役割をなすりつけたというわけだ。

「おい、聞いてるのか高橋。会社の給料がこんなに安くてやってられるかって言うんだよなぁ」

「ええ、まあ」

「あぁ？　上司に向かって口答えすんのか？　ヒック」

「えっとー……1ミリも口答えしておりませんが……」

「〝口答えしてません〟っていう口答えをしてるじゃないか！　ヒック。

あぁもう仕事なんかやってらんねえよ、まったく。

こんな会社潰れちまえ！　ヒック」

「(うわ……ワルロ上司、いつにも増して荒れてんなぁ。めんどくさー)」

こうして、散々愚痴られ、罵られ、クタクタのまま自宅の玄関を開けた。

「叶えもーん、もう最悪だよ。ワルロ上司の愚痴ばっかり聞かされてさ。

みんなもひどいよな。僕にワルロ上司を押しつけてさっさと帰りやがって。

あぁまったく！　みんなクビになっちゃえばいいのに！　ブツブツブツブツ」

「お前もワル口上司と一緒やんけ。帰ってきてから愚痴しか言ってへんで」

「ギク！　それだけは勘弁だ！　あんな奴と一緒にされたら困るよ！」

「でも、それもそのはずや。ワル口上司とお前の間には宇宙の法則が働いてるからなぁ。前に『万有引力の法則』の話ししたやろ？」

「ああ、すべての物質に働いているっていう引き合う力のこと？」

「そや。あれはな、実はある性質があるねん」

「ある性質？」

「引力っちゅうのはな……**物体同士の距離が近ければ近いほど、大きな力が働くねん。**

逆に言えば、距離が離れれば離れるほど引力の影響は弱まるってことになる」

「ほほぉ、磁石みたいな感じ？　S極とN極の距離を近づければ近づけるほど、くっつきやすくなるもんね」

「そんな感じや。そして、もちろんのごとく物質と同じように人と人の間にも万有影響力の法則が働いてるんや」

「万有影響力の法則？　似てるようでちょっと名前が違うね。で、それはどんな法則なの？」

「人間もな、最も身近な人の影響を受けるんや。お前にとって一緒にいる時間が長い人は誰や？」

「そりゃ、毎日会社で過ごしているし、残業ばかりしているから、会社の人だと思う。ワルロ上司もその１人だね」

「お前がさっき愚痴しか言わんかったんも、まさにその影響をもろに受けてるからやわ。前にも言うたやろ。すべては振動してて、波動でできてるって」

「あぁ。たしか同じ波長のもの同士は引きあうんだったよね」

「そう。それは人間も一緒や。愚痴ばかり言う人と付き合ってると、それと共鳴してお前も愚痴ばっかり言うような人間になる！」

「え！　って驚いておいてなんだけど、たしかにワルロ上司と飲んだ帰りはいつも愚痴が増える気がする」

「そやろ？　お前は本当はどうなりたいんや？　本当はどんな人間になりたいんや？　愚痴ばかり言う人間になりたいんか？」

「そんなの嫌に決まってるよ！　本当は、ミポリンと結婚して、大富豪になって、あらゆることに大成功したいです！」

「何回聞いても小学生みたいな夢やな、まったく……。

まあ、ええわ。**もしその夢を叶えたいなら、その夢を叶えた人の近くにおることが一番の近道やなぁ**」

「えっ、でもそんな人、僕の近くにはいないよ」

「そりゃそうや。お前から発せられるのは貧乏の波長やからな」

「う、うるさい！　悪口はいいから、さっさと夢かな道具を出してよ！　どうせあるんでしょ。この問題を解決する道具がさ」

「道具、道具ってうるさい奴やなぁ。これでも使ってみ」

「万有引力ベルト〜〜!」

使い方

着用すると、理想の人と同じオーラを発することができ、自分の元に「理想の人」を引き寄せることができる。

「このベルトをつけるとな、お前の理想の人と同じオーラを発することができる」

「そしたらどうなるの?」

「理想の人が、お前の元にやってくるねん。

お前たしか大富豪になりたかったんよな。そしたらこのベルトを装着して、〝大富豪〟をイメージしてみ」


僕は半信半疑ながら、そのベルトを装着して、立派なひげの生えた大富豪の男をイメージした。

するとベルトの中心にあるマークがクルクルと回りはじめ、ベルトから発せられた光が僕を包んだ。これが大富豪のオーラというやつか?

姿かたちは変わっていないが、なんだか別人に変身した気分だ。

この道具の効果を試すべく、僕は街に出かけてみることにした。

大富豪と会うのだからと失礼がないように、なけなしのボーナスで買ったとっておきのスーツと革靴を身につけて……。

近くの商店街に着くと、路上で靴磨きをするおじさんが目に入った。またもや大富豪に失礼がないようにと、僕は靴を磨いてもらうことにした。

するとと隣で同じく靴を磨いてもらっていた老人が僕に声をかけた。


「いい革靴じゃな」

「うわ！　びっくりした！

おじいさん、びっくりさせないでくださいよ。僕はこれから大富豪に会うんですから。その前に心臓が止まったらどうするんですか！」

「フォッフォッフォ。悪かったのう。ではお詫びに、ええことを教えてやろうかのう」

「いいこと？」

「そうじゃ。実はな……

ワシがその大富豪なんじゃ」

今度こそ本当に心臓が止まりそうになった。なぜならおじいさんの顔をよーく見ると、万有引力ベルトを装着した時に想像した、まさにその顔だったからだ。それに、おじいさんの靴が磨きおわるのを待っている車があっちのほうに見える。車の全長がやたらに長いロールスロイスだ！　興奮していたこともあって、僕にはその車が商店街よりも長く見えた。

「は、はじめまして。大富豪さん」

「フォッフォフォ。お前さん、さっきと態度が変わりすぎじゃのう」

「いや、ほら、有名人に会った気分になって急に緊張してしまって……」

「面白い奴じゃ。で、そこの青年。ワシの靴はいくらに見える？」

そう言うと、老人は磨く必要もないくらいピカピカに光る自分の靴を指さした。

「そりゃ大富豪なんですから、30万円くらいはするんじゃないですか？　いやもっとか？　300万？」

「フォッフォッフォ。そんなに高い靴は履いたことがないよ。この靴はな、たっ、たっ、たっ、の3、0、0、0円じゃ」

「えぇぇ、たったの!?」

「そうじゃ。たったの3000円じゃ。

ではそこの青年、ちなみにこの服はいくらに見える?」

「服って言っても、なんて立派なタキシードなんですか！　使っている布も多そうだし……100万円以上はするんじゃないでしょうか?」

「フォッフォッフォ。相変わらず面白い奴じゃのう。

そんなに高い服は着たことがないよ。このタキシードは、1万5000円じゃ」

「はぁ?　たったの1万5000円!?　もしかして、大富豪っていうのも嘘なんじゃ……?」

「そうかもしれないし、そうじゃないかもしれないな。

でもな、本当のお金持ちというのは靴や服にそんなにお金をかけないんじゃ」

「どうしてですか?　お金があるんだから、いい靴や服を買ったらいいのに」

「そんなことをするのは中途半端なお金持ちだけじゃ。

本物の大富豪は消耗品にはお金をかけないんじゃよ」

「消耗品にはお金はかけない⁇」

「そうじゃ。消耗品はすぐにダメになるからのう。

たとえば、10万円の革靴を買ったとして、雨で濡れてしまったらどう思うかね？」

「最悪な気分ですよ。一気に革が悪くなって価値がなくなりますからね。だから雨の日には死んでも履きません」

「そうじゃろ、そうじゃろ。

ところで青年、雨の日はどんな傘を使っておるんじゃ？」

「雨の日は、いつもビニール傘です」

「では、今までにビニール傘は何本くらい買ったことがあるんじゃ？」

「ビニール傘は……100本くらいかな？　いや、200本くらい？

うっかり電車とかに置きわすれてしまって。そうじゃなくても家に今、5本くらいありますし」

「それこそ無駄じゃと思わんのか？　1本500円じゃとしても、200本で10万円もするんじゃ。お前は、先ほど10万円の革靴を命がけで守ろうとした。**じゃがそれと同じ価値のものをドブに捨てておるんじゃ**」

「はっ！　本当だ……。僕はなんて無駄なことを。でも雨の日だからって仕事を休むわけにはいかないし、これからどうすれば？」

「それは、超高級な傘を買うことじゃ。ここに傘があるんじゃが、これは英国王室ご用達の傘じゃ」

「英国王室ご用達!?　なんかよく分からないけど、すごいことだけは分かります！　この傘、おいくらで？」

「1本10万円じゃ。どうじゃお前も買ってみんか？」

「1本10万円ですって!?　バカ言わないでくださいよ！　僕の給料の半分は飛んでしまいます！」

「じゃが、お前さんはこれまで、その給料の半分をドブに捨ててきたんじゃなかったかのう」

「そ、そういえば……」

「10万円の傘なら、絶対に電車で置きわすれたりせんじゃろ？」

「はい。なくすなんてありえません……」

「本物のお金持ちはな、マクロな視点で価値を見ておる。たしかにミクロな視点で見ると、ビニール傘のほうが安くて、魅力的に見えるじゃろなぁ。

じゃが、さっきも言ったように、**いつか、高級傘よりビニール傘のほうが高くなる時がやってくるんじゃ**」

「いや、でも10万円かぁ」

「フォフォフォフォフォ。貧乏人というのは、本当に〝でも〟という言葉が大好きじゃ。

じゃあ、やめるか？　やめて、このまま給料をドブに捨てつづけるか？　この傘には無限の可能性が眠っておるかもしれんのに」

「おじいさん。僕の友達にね、おじいさんと同じことを言う奴がいるんです。

そいつの顔を思い出したら、なんだか踏ん切りがついた気がします。

10万円の傘を買ったところで死ぬわけではないですしね」

「フォフォフォフォ。青年、少しばかりええ顔になったのう。またどこかで会えるとええのう。その時は、ワシのチェスにでも付き合うてくれ」

そう言って大富豪のおじいさんは、去っていった。その帰り道、僕はおじいさんに教えられた通り、高級傘が売られているお店を訪れた。

10万円もする〝それ〟を握った時、手が震えているのが分かった。

「きっとこの振動は、大富豪の振動数と共鳴しているに違いない！」

そう自分に言い聞かせて、僕はそのままレジへと向かった。

「叶えも〜〜ん！　この万有引力ベルトをつけたら本当に大富豪を引き寄せたよ。しかもお金持ちになる知恵まで教えてくれたんだ！　知ってるかい？　お金持ちって、マクロな視点で価値を見ているのさ」

「にゃはははは。ワシがそんな初歩的なこと知らんはずないやろ。

ええか。もしお前が成功したいなら、付き合う人を変えることや。人は付き合う人の影響をもろに受けるからな」

「たしかにほんのちょっと大富豪と話しただけなのに、サラリーマンの発想にはない考え方をたくさん教えてもらったよ。やっぱり付き合う人は選ばないとね。誓います！　これからはワルロ上司との飲み会は絶対に参加しません！」

「ほんまかぁ？　そんなに急に断れんのかぁ？」

「なるべく断ります！　いや、誘われないようにします」

「頼りないのう……」

「類は友を呼ぶ」という言葉がある。たしかに同じ価値観を持った人たちが同じ集団になるのは普通の流れなのだろう。

しかし、きっと逆も言える。「友が類を呼ぶ」のだ。近くにいる人を変えることで、ただ一緒にいるだけなのに、影響を受け「類」に近づいていくのだ。

考えてみれば、家の中でぬくぬく暮らす犬はどこか人間っぽいもんなぁ。同居人の万有影響力を受け、どんどん「人類」に近づいていているということなのだろう。

今回の夢かなセンテンス

🐾「人は最も身近な人の影響を受ける」

🐾「成功したければ、成功した人の近くにいること」

夢を叶える秘密のワーク

もしお金持ちになりたければ、お金持ちに会うことや。もし、幸せになりたければ、幸せそうな人に会うことや。付き合う人を変えれば人生でも成功できるから試してみ。

地球は地軸なしに自転できるか？【ワクワクメトロノーム】

「成功している人に近づけ」

せっかくそんなアドバイスを受けたというのに、僕は今満員電車に揺られ、今までと同じ会社に向かっていた。

四方八方、仕事に疲れたサラリーマンたちに囲まれて、ガタンゴトンと同じリズムの振動に揺られている。

万有引力よ。今だけはなかったことにしてくれないか。

まるで自分が、牛舎へ運ばれるトラックの牛のようにも思えてきた。

モーウ、嫌になる！

あぁ、これが現実か。

サラリーマンってなんて辛いのだろう。

ついこの前も、上司に、

「血反吐を吐くまで働け！」

と言われ、夜中の1時に帰宅したんだよな。

そしたら、

「なんでこんなに遅くまで働いてたんだ！　残業しすぎだ！　これはお前が仕事ができないことが原因だ！　残業代はなし！」

と言われてしまった。

こんなに働いたのにサービス残業だなんて……。

これを社畜というのだろうか？

僕は今でもたまに考えることがある。

なんのために仕事をしているのだろう？　と。

生活のため?

お金のため?

自分のため?

いや、答えは何か違う気がする。

だんだんと僕はなんのために仕事をしているのか分からなくなってきた。

窓の外の暗闇に吸いこまれてしまわぬよう、僕は心強い同居人に声をかけた。

「叶えも〜ん! 僕はなんのために仕事をしているの?

毎日、ギュウギュウな電車に乗ってさ。ギュウギュウだけに牛かよ! ってか?」

「にゃはははは。牛だけに社畜ってか? 落ちこんでるくせにいいギャグかますやんけ。

で、お悩みはと。なんのために仕事をしているか分からなくなってきたんやな?」

「うん。お金のためなのか、生活のためなのか。

叶えもんにたくさんのことを教えてもらったのに、結局辛い毎日がつづいているし、僕はなんのために仕事をしているの?」

「目的が分からずに働くんじゃ、仕事にも精が出えへんわなぁ。

そんな調子じゃいつまでも窓際平社員の社畜のままやで。

ミポリンとも一生結婚できへんな」

「えー、そんなの嫌です!

叶えもん!　なんとかしてください!」

「にゃははは」

「ワクワク
メトロノーム〜〜!」

使い方

自分軸で生きられているかどうかが推し量れるメトロノーム。
自分軸で生きられているほど、針が早く動く。

「この夢かな道具を使うと、お前が自分軸で生きてるかが分かるんや。ちょっとメトロノームを持ってくれるか。お前が今、どんな状態か見てみたるわ」

叶えもんはそう言うと、おもむろにワクワクメトロノームを僕の両手に乗せた。その瞬間、メトロノームの針が右へ、左へ、〝カチッ、コチッ、カチッ、コチッ〟と動きだした。

「ん〜、かなりゆっくりのテンポやな。お前……このままじゃ、生きる目的も分からず、心を病んでしまうところやったで」

「え〜、まじ？　まあ、電車の中の人が牛に見えてたくらいだ。たしかに精神的にはかなりやばかったかもね。でも、なんでそんなことが分かるの？」

「このメトロノームがゆっくり動くということはな、**重りが支点からかなり離れていることを指してる。**

つまり、お前は人生の目的や使命からだいぶ離れて生きてることになるねん。お前が大成功するには、人生の使命を見つける必要があるなぁ」

「使命……？　なになに、怪しい占い師みたいなこと言わないでよ」

「いやいや、これは物理的な話や。**この世のすべてには軸がある。**たとえば、地球には地軸があり、地球は自転をしとる。星も軸を中心に回転しとるし、太陽系も太陽を中心に回転してるやろ？」

「まあ、たしかに……。時計も正確な時間を刻めるのは、中心を軸に針が回ってるからだもんね」

「そや。**すべては何かを中心に回転してる。**ミクロの世界もおんなじや。原子は、原子核を軸に電子がぐるぐると回転しとる。素粒子は、地球のように軸を中心に回転しとるんや。ミクロの世界もマクロの世界もな、何かを中心に回転していて、すべてには軸があるんや」

「へえ、全部、〝軸〟が共通点なのか」

「ここまで理解できたお前に質問や。もし、コマに軸がなかったらどうなると思う？」

「コマだけに困っちゃう？」

「うまい！　って何、ダジャレかましてくれてんねん。まじめに答えーや」

「は、はい。そりゃ、軸がなければ回転できないし、すぐに倒れてしまうよね」

「人間も同じじゃや。

人生の目的や使命＝軸がないと、なんのために生きているか分からなくなるんや。

そうなると、あっちにふらふら、こっちにふらふら。宇宙の藻屑のように彷徨ってしまう。

お前も今、そんな感じやろ？」

「うっ、胸が痛い……」

「使命とは、命の使い方のことや。一瞬一瞬をなんのために生きてるのか？

それが明確になれば、もっとやりがいや生きがいを感じながら仕事ができるで」

「命の使い方……。そんなこと一度も考えたことなかったよ……」

「で、お前がやりがいに思うことはなんや？」

「やりがい、やりがい……。

そんなこと最近考えてなさすぎて、もう忘れちゃったよ……」

「よし、忘れたんやな。ほんなら、自分にこんな質問をしてみるとええわ。

●自分にとって憧れの人は誰？
●もし自分が大富豪なら何がしたい？
●過去の自分は何がしたかった？

この3つや」

「最初の2つはなんとなく分かるよ。万有引力ベルトのおかげで憧れの人の近くにいる大切さを思い知ったしね。お金さえあれば叶えられるって夢もたくさんある。だけど、3つ目の過去の自分に聞いてみるっていうのはどういうこと？」

「人間、誰しも人生に希望を持ってた時期っちゅうもんがあるやろ。子どもの頃に夢を持ってたかもしれんし、会社に入りたての頃を思い出してみるのもええかもしれんなぁ。きっとその頃は、夢と希望に溢れてたんと違うか？」

「うん、簡単に世界を変えられる気すらしていたよ」

「そやろ。ワクワクしてるってことは、いい振動を放ってる証拠や。きっとその頃のお前にワクワクメトロノームを持たせたら、重りはほぼ中心に位置どって〝カチカチカチカチ〟って、ええ音、刻んだやろなぁ。で、その頃のお前は、どんな大人になりたいって思ってたんや？」

「えっと、えっと……。あ、思い出した！　僕、独創的なアイデアで人に驚きを与える人になりたい！　って思って、この職業を選んだんだった」

「今の自分はどうや？」

「こんなダメダメな自分に驚いてるところ～」

「何驚かされてるねん！　取りもどせ、自分を！」

「は、はい！　独創的なアイデアで人を驚かせる人になります！」

「人生を振り回されるな！　自分を軸に振り回せ！」

「は、はい！　鬼教官様！」

「自分の決めたことは～？」

「ぜった～い！　って王様ゲームじゃないんだから！」

「誰といても、自分らしくいられる奴が、本当の自由を手に入れるんや！」

「教官の言葉、しびれる～！　アイアイサー！」


こうして叶えもん扮する鬼教官と、教習生の僕による「自分を取りもどす」授業は夜通しつづいた。

今なら自分の意見を他人に伝えられそうな気がする。そんなことを思ってしまったからだろうか。さっそく次の日、会社で事件が起こるのだった……。

今回の夢かなセンテンス

「この世のすべてには軸がある」

「やりがいは過去の自分に聞いてみる」

夢を叶える秘密のワーク

憧れの人は誰や？　もし、その憧れの人になったら何がしたいんや？　もし、お金が無限にあったら何がしたいんや？　もし、過去の自分に戻り初心に返ったら本当は何をしたいんや？

理想の未来はすでに実在する

【パラレルワールドドア】

「勝山さん、こんなことありえませんよ！」

僕はこの日、社内の会議室にて柄にもなく吠えていた。

会社で怒鳴ることなんてこれが初めてだ。

きっとこれまでの自分だったら、「相手がまちがっている」と思っても意見しなかっただろう。

でも、自分軸を少しだけ取りもどした今の自分は違う。

「指示を出したのは勝山さんじゃないですか！　それでプログラミングにミスが起こって、取引先が大激怒してるんですよね!?

それなのに、どうしてすべてのミスを僕になすりつけたんですか⁉」

「なすりつけたも何も、プログラムを実際に作ったのはキミじゃないか」

「はぁ⁇　僕は〝おかしくないですか？〟って何度も指摘しましたよね？　それでも『責任は俺がとるから、大丈夫だ』って言ったのは、勝山さんじゃないですか！」

ことの発端は、取引先に納品したプログラムだった。そのプログラムにはシステム上の不具合があり、うまく作動しなかったのだ。そのせいで取引先のお偉いさんがカンカンになって、僕たちの会社に怒鳴りこんできたわけだ。

たしかにプログラムを作ったのは僕だ。だから、自分は何も悪くないとは思わない。ただ、僕はその不具合が起こる可能性を勝山に何度も指摘していた。

それでも、「大丈夫。俺が責任をとるから」そう言って、半ば無理やりにプロジェクトを推し進めたのは勝山だった。

僕は社長にまで呼びだされ、こっぴどく叱られた。

「叶えも～ん。許せない、許せない、許せない！」

「なんやねん、そんなに怒って、どないしたんや。摩擦係数ゼロドリンクでも出したろか？」

「いや、そんなことで許せるようなことじゃない！　なぜなら、こうこう、こういうわけで、かくかくしかじかあってさ……」

「それはひどい話やな」

「叶えもんと出会って、最近ようやくうまいこといきかけていた僕の人生。やっぱり、僕はダメダメだぁ！　こんなはずじゃなかった～！」

「ほんなら別の人生を選んでみるか？」

「はぁ？　別の人生？」

「そや、パラレルワールドって聞いたことあるか？」

「あぁ、なんかＳＦ映画とかで聞いたことがあるような気がするけど……」

「そう、そのパラレルワールドや。

でもな、あれはSFでもなんでもなくてな、物理学の理論なんや」

「物理学の理論？」

「前に多世界解釈という考え方を教えたったやろ。その考え方こそがパラレルワールドの発端になってる」

「多世界解釈とパラレルワールドにどんな関係が？」

「たとえばな、お前がファミリーレストランでご飯を食べようとしたとするやん。そん時もちろん〝何を頼むか〟で迷うわけや」

「ファミレスにはなんでもあるからね」

「天ぷら定食を注文するのか、ハンバーグ定食を注文するのか、カルボナーラを注文するのか、注文するまではあらゆる可能性があるやろ。こんなふうに複数の可能性がある状態を量子力学の世界では重ね合わせの状態と言うんや」

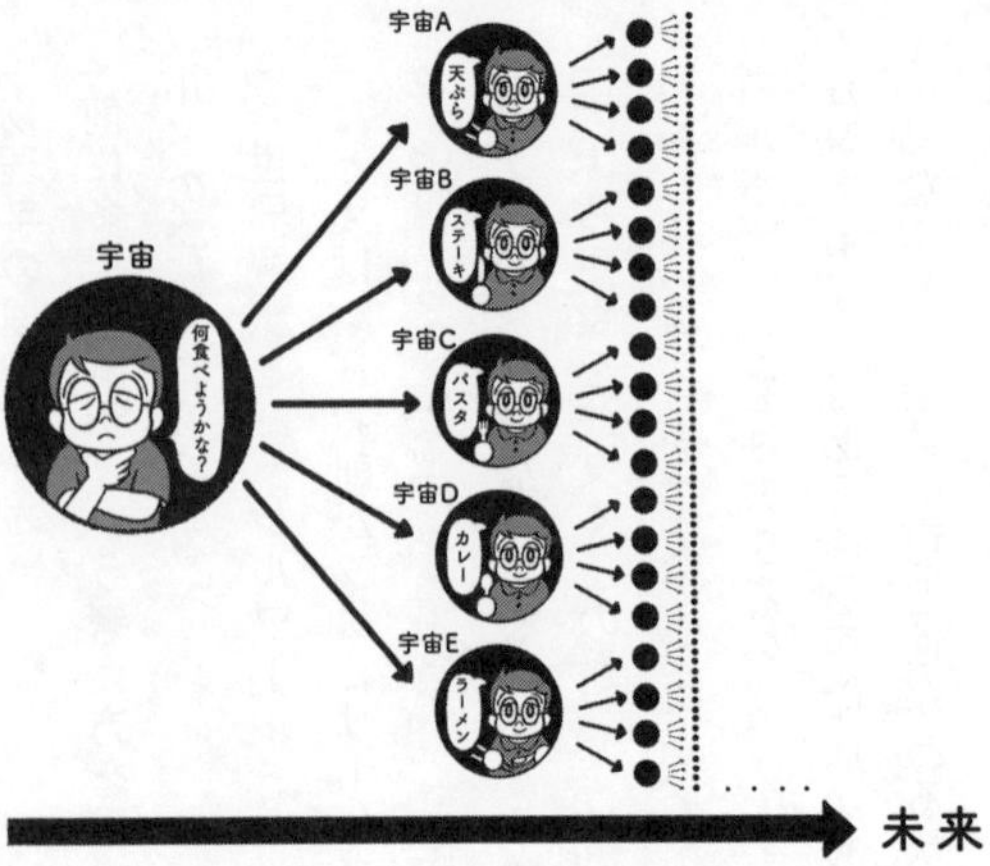

「あぁその話、シュレーディンガーの猫の時にも聞いたよね。死んでる猫と生きてる猫が同時に存在してるって話」

「そや。もしこの複数のメニューから、お前が天ぷら定食を注文すれば、『天ぷら定食を食べてる世界』に移行するんや。

かと言って、ハンバーグ定食やカルボナーラを頼んだ世界が消滅したかと言えば、そういうわけじゃない。

これらの世界はお前には見えへんけど、天ぷら定食を頼んだ世界と並行に存在してるんや」

「ハンバーグ定食を食べる僕も、カルボナーラを食べる僕も存在すると？　それはどこに存在するっていうのさ?」

「お前が住んでいる宇宙以外の宇宙にや」

「え?　宇宙って1つじゃないの?」

「そやねん。宇宙っていうんはな、無数に存在するんや。マサチューセッツ工科大学のマックス・テグマーク博士の調べやと、だいたい10の500乗通りの宇宙があるそうや」

「10の500乗通り?　なんだか想像できない数字なんですけどー」

「まあ、お前の頭じゃあ理解できへんと思うが、ほぼ無限に近い数の宇宙があると思ったらええ。

そして、これこそが多世界解釈の理論であり、別名『並行宇宙論』とも呼ぶ」

「宇宙がいっぱいあって、僕じゃない僕がいっぱい存在しているだなんて、そんなの信じられない!」

「それも無理はない。会ったことも見たこともないんやからな。

でもな、この理論は実際に多くの物理学者が科学的に証明しようとしてる話なんや。

たとえば、ハーバード大学物理学教授のリサ・ランドール博士。

彼女は5次元宇宙論を提唱し、異次元の世界を科学的に証明しようとしとる1人なんや」

「異次元を科学的に証明するだって⁉

本当にSFの世界みたいじゃないか！

で、この理論と憎き勝山になんの関係があるっていうのさ？」

「それはこの道具を使ったら分かるはずや」

「パラレルワールドドア～～!」

使い方

それぞれの札に書かれた「未来」のドアを開けると、その通りの未来が追体験できる。

叶えもんがそう言って11次元バッグから取りだしたのは、色とりどりのドアだった。それぞれのドアには、「勝山と大ゲンカする未来」「勝山の言いなりになる未来」「勝山と仲良く仕事をする未来」など、勝山と僕の「未来」について書かれた札がかけてあった。

「このドアの中でお前が叶えたい理想の未来の世界はどこや？」

「うーん、じゃあ、せっかくだし勝山と仲良く仕事をしている世界かな。お互いに認めあって協力しながら仕事をしている世界」

「ほんなら、その世界をイメージして、該当する札のドアを開けてみ」

僕は、目をつむって勝山と楽しそうに仕事をしている世界をイメージしながら、ドアノブに手をそっと置いた。

手にビリッと電気が流れたかと思うと、ぬくもりを感じた。

そのドアをおそるおそる開けてみた。

すると、ドアの隙間から白銀色のまぶしい光が差しこんできて、僕は一瞬、目がくらんだ。

ドアを開けると、目の前に立っていたのは神さまのような顔を浮かべた勝山と、楽しそうに働く僕の姿だった。

こんなに楽しそうに働く自分の表情は、我ながら初めて見る。

「おお、高橋。よく頑張っているじゃないか」

「はい、勝山さんのおかげです！」

勝山さんって本当に天才ですよね。勝山さんの言う通りにしたらこのプログラムのバグが直りました！

本当にありがとうございます！」

「高橋、じゃあ今度、慰安会と称して一緒にご飯に行こうか。その時に、俺が仕事をする上で大切にしている考え方を教えておこうと思う」

「ありがとうございます！　ぜひ、ご一緒させてください！」

こ、この未来を体験している「僕」……なんて楽しそうに仕事をしているんだ。
うらやましい……。

「叶えも～ん！　勝山と僕が仲良く仕事をしている未来の世界を見てきたよ」

「**もうその未来はすでに実在してるで。**というか人が想像できるすべての未来は、その時点でこの宇宙に実在することになる」

「もう実在できてるだって？　未来の話なのに？」

「そや。この宇宙にはお前の『過去』も『今』も『未来』もすべてが同時に存在してるんや」

「過去も今も未来も同時に存在してる!?　どういうこと？」

「マサチューセッツ工科大学のマックス・テグマーク博士は、『ブロック宇宙論』という理論を提唱しとる」

「ブロック宇宙論？」

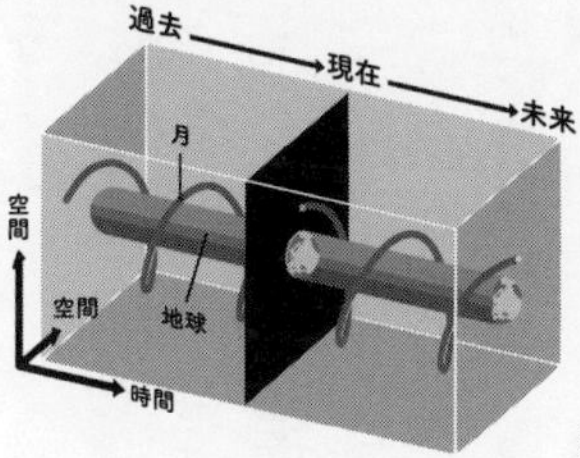

普通の考え方：現在だけが現実

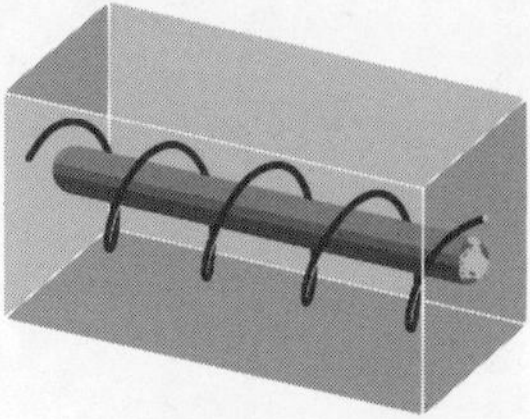

ブロック宇宙論：すべてが現実！

「**138億年前の宇宙誕生の瞬間から現在までの宇宙が食パンのように1つの塊になっているイメージや。**

この食パンのような宇宙には、
宇宙の誕生の瞬間も、
さまざまな原子や分子が結合した瞬間も、
惑星や恒星が生まれ、
銀河系が誕生し、
太陽系や地球が誕生した時のことだって含まれとる。
宇宙にはさまざまな歴史があるけどな、そのすべての過程がこの宇宙空間のどこかに存在してるということや」
「うーん、分かるような、分からないよう

な……」

「たとえばな、地球から10万光年離れたとこに星があるとする。

その星は地球から光のスピードで10万年かかる距離にあるということや。つまり、地球から見えてる星の光は10万年前の星から発された光ってことになる。

ここまでは分かるか？」

「うん、なんとかね」

「つまり、地球から見えてる光は過去の星の状態を見てるってことにならへんか？」

「た、たしかに……」

「ほんならもし、この瞬間にその星が爆発して消えてなくなったとするよな。やとしても、星の光が届くには時間がかかるから、地球にはまだ星が存在しているように見えんねん。

ということは、この宇宙には、

●過去＝爆発したはずの星が地球からは存在して見える

- **今＝星が爆発したという現象**
- **未来＝地球からはまだ見えてない爆発した時の星の光**

の3つが同時に存在してるっちゅうことになるやろ。ほら、過去と今と未来が同時に存在しているやんけ」

「分かりやすっ！　よ！　名講師！」

「にゃははは。ほんなら、たこ焼きくれ。どんな未来も存在してるってことはやで、**実は道具なんか使わんくてもお前は思い通りの人生に進むことができる**」

「え？　ドアがなくても、望んだ未来に進めると？」

「存在してるんやから、当たり前やんけ。

お前がそれを選べばええだけや」

「どうやってだよ！」

「**簡単なことや。決断することや。**

お前の決断の影響力は何も『人生』なんてマクロな話やなくても、ミクロな世界にも影響を及ぼしてるで。

お前が毎日会社に行けてるのはどうしてや？」

「会社員だから？」

「ちゃう！　**お前が毎朝、いやいやながらも〝行く！〟って決断してるからや。**

仮病を使って休むことだってできるし、近所の公園で鳩にエサをあげててもいいのにな。

つまり、その決断なしに誰もお前を会社に連れていくことはできへんねん！」

「**僕のおかげで、僕は毎日、会社に行けてるのか！**

僕ってすげーー！」

「単純な奴め。

会社に限らず人生にはな、そうやってあみだくじのように、たくさんの分かれ道がある。

でも、そのたびにちゃんと決断していけば、人生は大きく変わるんや。

ほな、ええところまできてるお前に、これまでのおさらいや。

準備はええか？」

「押忍！　師匠、いつでも！」

「よっしゃ。長いけど覚悟しいや」

「押忍！」

「この世はすべてがあいまいな世界や。

見えてる世界なんて、たったの5％しかないんやから、当たり前の話やろ。

だからこそ、すべての人には無限の可能性がある。

何から始めたらいいか分からん時はまず自分の気分を良くすることや。見る、聞く、触る、嗅ぐ、味わう、のどれからでもいい。

とにかくお前の五感が心地よく感じるもので満たしてみ。

人間の気分っちゅうのは、すなわち振動数。**振動数が同じものは引き寄せられるからな。**

勝手にヒントもお前の元に寄ってくるやろ。

もし過去のトラウマがお前を邪魔してるなら大丈夫や。過去は変えられる。なんて言うたって、**過去はただの自分の解釈やからな。**

それに、そのトラウマっちゅうやつにも裏側があるはずや。影があればその近くにかならず光が存在してる。これはこの世界の仕組みや。

影の中の光を探してみ。

誰かがお前に『それはまちがってる!』なんて言ってきても気にせんでええで。

だって、絶対的な正しさなんてこの世界に1つも存在せえへんからな。

もしそれでも自分を否定する人ばかりが周りに溢れたら付き合う人を変えてみ。

万有引力のせいで、人は最も身近な人の影響を受けるからな。

成功したければ、成功した人の近くにいること。

逆に**お前自身が自分軸を持ってることも大事やで。**でないと成功してる人もお前に近づけへんからな。

そして何より大事なんが、決断や。

最後のスイッチを押すのが、その決断の力やからな」

「叶えもん……うっ、うっ」

「なんや感動して泣きそうか。ハンカチ貸したるわ」

「違う。

……長すぎて、何言ってるかよく分からなかったんだけど」

「こいつ〜！　まだまだこいつが理想の人生を手に入れるまでには時間がかかり

そうやな、まったく」

そうは言ったものの、内心はとっても感動していた。

今にも涙が溢れそうだった。

たしかに僕が今いるこの世界は、理想とする世界じゃない。

でも、僕には叶えもんという何者にも代えがたい味方がいるじゃないか！

叶えもんの熱弁に、そんな大切なことに気づかされたからだ。

僕は大富豪で、何もかも成功していて、ミポリンとも結婚した自分を今ならしっかりと想像できる。

ということは、どこかの未来で、そんな自分が存在しているんだろう。

あとは、僕がそのパラレルワールドにたどりつくまでのあみだくじを選んでいくだけだ。

そう。叶えもんが言うように、決断していくんだ。

待ってろよ、自分。

かならず迎えに行ってやるからな！

今回の夢かなセンテンス

「人生は選択の連続である」

「人生を変えたければ大きな決断をする」

夢を叶える秘密のワーク

なりたい自分をイメージしながら、人生を変えるための大きな決断をしてみ。今までやったことないことを決断すれば人生は大きく変わるで。

第3幕

どんな夢でも叶えもん

脳はイメージと現実を区別できない【夢かなノートとペン】

叶えもんと出会ってから次々と奇跡が起きはじめている。

まずはなんと言っても理想の彼女・ミポリンと出会えたことだ。

そして、パラレルワールドの話を聞いて以来、たくさんの「決断」をくりかえし、会社でチームリーダーを任されるまでになったのだ。

「自分の浮かんだアイデアを臆せずどんどん提案する」。簡単なことではなかったけど、その決断のくりかえしが、会社での評価につながったのだ。

あれ？　でもこんなに地味な道のりで、夢の大富豪までたどりつけるのだろうか？

「ねえ、叶えも〜ん。ところで僕はいつになったら大富豪になれるわけ?」

「そやな。100万円くれたら教えるで」

「100万円!? なんでお金持ちになりたい側の人間が、懐を痛めないといけないのさ! それじゃあますます大富豪生活から遠ざかる一方なんですけど!」

「にゃはははは。でもこの方法なら、1億円を引き寄せることもできるんやけどな」

「えーっと、叶えもん様、先ほどは、大変失礼いたしました。

それにしても今日もなかなか素敵なピンク具合で」

「おお、そうか? このピンクの肌はな、愛のピンクや!

宇宙は愛で溢れてんねん! にゃははははは」

「へえ、その色、ちゃんと意味あったんだ。ただのピンク好きの変態おじさんだと思ってたよ」

「お、お前! それが学ぶ側の態度か、ほんまに!」

「はい、はーい。さっさと大富豪になる方法を教えていただけますでしょうかー、叶えもん様ー」

「ほんま今さらやけど、来る家まちがえたかもしれんな……。

まあ、ええ。お前に付き合っててもキリないから教えたるわ。

夢を叶える方法の原則はな、めっちゃシンプルや。誰もがこの方法で簡単に夢を叶えとるで」

「だから、さっさとそれを教えてよ！　それを！」

「夢を叶えるにはな、まずは〝イメージの力〟をお前につけてもらわなあかん」

「イメージの力？」

「そや、すべての創造物の原点はな、イメージなんや。

たとえば、ライト兄弟は『飛行機を作りたい』とイメージした。だから飛行機が誕生したやろ。

お前が住むこのアパートだって、初めは誰かがイメージしたものを設計して作ったはずや。

スティーブ・ジョブズが『ｉＰｈｏｎｅを作りたい』とイメージしなければ、

iPhoneもできなかったはずや。

この世にあるものは、すべて誰かが想像して作ったものなんや

「たしかに、どんなものも誰かがイメージしなければ、生まれてないよね」

「前にも言うたやろ。思考を支える思考がこの現実を創ってるって。

現実を創るにはイマジネーションの力が鍵になるんや。

そして、この思考を支える思考を鍛えるトレーニングの名前こそ……」

「ゴクッ……。

名前こそ?」

「イメージトレーニングや!」

「ズコー。そのままじゃん!」

「いや、侮るなかれ、イメージトレーニングの力。

世界ではこんな実験が行われたんや」

「お、なになに?」

「オーストラリアの心理学者であるアラン・リチャードソンは、イメージトレー

ニングの威力を確認するために3つのグループを作って1カ月間、次の実験を行ったんや。

第1グループには、**バスケットボールのフリースローを毎日20分間練習**させた。

第2グループには、**1日目と20日目だけ練習**させた。

第3グループには、**1日目と20日目も練習させたが、その間の期間は毎日20分間、自分がフリースローしているところをイメージ**してもらった。

この3つのグループでフリースローの上達率が高かったのは、どのグループやと思う？」

「うーん、そりゃ当然、毎日練習した第1グループじゃないの？」

「たしかにそうなんや。やけどな、第1グループの上達率が24％向上やったのに対し、第3のグループのほうも大健闘。23％も向上したんや。

つまり、毎日練習したグループとイメージトレーニングをしたグループでは、ほぼ結果は同じになったっちゅうことや」

「すげ！　イメトレの力、おそるべし！」

「こんなことが起こったのは、**人間の脳がイメージと現実を区別できへんからやねん。**

たとえばヒロ、すっぱ〜〜い梅干しをイメージしてみ」

「ちょっとやめてよ。口の中にツバがいっぱい出てきちゃうじゃん」

「ほな次や。お前の大嫌いなおばけを想像してみ」

「おい！　やめてくれ！　背筋がゾクゾクするぅぅ。寒気が止まらないよぉぉ」

「にゃははは。こんなふうに、**イメージするだけで、実際に身体にも反応が起こることが分かるやろ？**

これこそが『イメージによって現実は変えられる』って証拠やねん」

「でもさ、叶えもん。どれだけ宝くじで〝1億円当たれ！〟ってイメージしても、なかなか現実化しないよ？　本気で願ってるのに。

それは、どうして？」

「そやな。まずは、『意図』と『願望』の違いを理解する必要があるわな」

「意図と願望の違い？」

「そや。意図というのはたとえば……

晩飯を決める時に、〝ハンバーグ定食を食べたいな〟と意図したら、ハンバーグ屋に行こうとするやろ？

そうしてめでたくお前は、【ハンバーグ定食を食べる】という現実を引き寄せる。

これはいとも簡単にできることや。

しかし、【宝くじで1億円を当てる】というのは意図というより願望になって難しいイメージがあるんちゃうか？」

「たしかに【ハンバーグ定食を食べる自分】は明確にイメージできるけど、【宝くじで1億円を当てる自分】は、本当のところでは信じられないかも」

「次々と夢を叶える人はな、願望を意図化できる人なんや。

どんな願いも〝今日の晩飯、何にしよう？〟くらいの感覚で意図するかのように次々と実現していく。

お前もミポリンと結婚することや、大富豪になることを意図するレベルになれれば、全部叶えてしまえるねん」

「意図だけに、いとも簡単に願いを叶えてしまうってか……。

でもさ、どうすれば願望を意図に変えられるの？」

「夢がなかなか叶わない人の共通点がある」

「共通点？　なんだろう？」

「叶えられない人は、決まって、

『できない』『難しい』『分からない』『めんどくさい』

っていう言葉をここぞとばかりに使ってるねん」

「ドキッ！」

「そう。お前もな」

「じゃあ、逆に願いを意図的に叶える人たちがよく使う言葉もあるわけ？」

「もちろんや。夢を次々に叶える人はな、

『できる』『簡単にできる』『絶対にできる』『チョロい、チョロい』

っていう言葉をいつも口にしてるねん。

何事も『チョロい、チョロい』って言うてたら、次々と夢は叶っていくわ」

「『チョロい、チョロい』……、たしかにいい言葉だね。

でも、さすがに1億円を手に入れるなんて、そんなに簡単なことじゃないと思うんだけど？　難しいよね？」

「言ったそばから、『できない』『難しい』って、お前は……。

そしたら、まずは臨場感のあるイメージをすることやな。さっきも言うたように、人間の脳はイメージと現実を区別できへん。

だから、臨場感のあるイメージができれば、願望を意図化できるんや」

「なるほど、じゃあ、このベッドに置いてあるクッションをミポリンに見たててと……、
チュー！　チュー！　ミポリン、愛してるぜ‼

……ねえ、なんか臨場感って言うより、むなしくなってくるんですけど……」

「そやなヒロ、それは……ただの変態や。夢が遠のくで……」

「じゃあ、どうすればいいのさ！」

「量子力学のダブルスリットの実験を覚えとるか？」

「もちろん！　チャイナドレスのダブルスリットでしょ？　素粒子っていうのは、誰も見てないところでは波の状態で、誰かが観測すると粒になるっていう二重性の話だよね？」

「そや。実はその二重性っちゅうのが願望実現に非常に役に立つんや」

「願望実現に？」

「そや。お前は他人が頭で何を考えているか、何をイメージしているか見えるか？」

「見えないよ。エスパーじゃあるまいし」

「イメージや思考というのは見えないものやから量子力学的には波の状態なんや。じゃあ、思考したものを現実化するにはどうしたらいいと思う？」

「うーん……思考を粒化すればいい……ん？　粒化？　どうやるんだろう……」

「にゃははは。ええとこまできてるで。思考を粒化するにはな、観測される状態にする必要があるんや」

「観測される状態？　具体的にはどうすればいいわけ？」

「言語化や。お前が思考したもの、イメージしたものを明確に言語化すると、波やったもんが粒化して夢が現実化しやすくなるんや。

たとえば、〈ミポリンと結婚したい〉とずっとイメージしたり、考えたりするだけで結婚が実現できるとは思わんやろ？」

「家でずーっとイメトレしてたら、ある日突然、ミポリンが家にやってきて『ピンポーン！　妻としてお世話になります』ってか？　宅配ピザじゃあるまいし！」

「じゃあ、どうしたら結婚できる？」

「そりゃ、プロポーズでしょ！　『結婚してください！』って言葉がないと。

……はっ！　本当だ。言語化しないと叶わない」

「そういうこっちゃ。願いっていうんは、レストランで料理を注文するかのごとく、明確に言語化することで叶いやすくなるんや。

そんなお前にええもん貸したろ」

「よ！　待ってました！」

「夢かなノートとペン～～！」

使い方

このノートとペンを使って自分の夢を書くと、どんな夢でも叶う。ただし、そこには8つの厳しいルールが存在する。

「このノートとペンを使ってお前の夢を書いてみ。どんな夢でも次々と叶うで」

「すごい！　そんな夢かな道具があるなら早く出してよ！」

「ただしな、このノートには特別な夢を叶える8カ条の決まりがあるんや」

そう言うと叶えもんは、「夢かなノートとペン」の取り扱い説明書を取りだした。

ルール1．主語を明確に書くべし。
ルール2．完了形で書くべし。
ルール3．肯定形で書くべし。
ルール4．できるだけ明確に書くべし。
ルール5．期限を明確に書くべし。
ルール6．叶って当たり前だと思ってオーダーするべし。

ルール7．書いた夢が期限までに叶わなければ、もっと良い夢が叶うと思うべし。

ルール8．書いたら見えないところにしまっておくべし。


「まず最初のルールは、**【主語を明確に書くこと】**や。

隣の家に宝くじが当たっても困るやろ？」

「それなら叶わないほうがマシだ。〝僕が〟当たりたいの！」

「ほな、〝誰が叶えたいのか〟をちゃんと書かんとな」

「分かりました。僕です。僕か、僕以外かの『僕』です」

「次、第2のルール。**【完了形で記載すること】**や」

「完了形？　英語の授業で聞いたような……」

「前にも言うたやろ。たとえば、『結婚したい』『お金持ちになりたい』と書くとな、

『〜したい』という周波数を発してまうねん」

「そうすると、『結婚できない』『お金持ちになれない』という現実を引き寄せる

ことになる！　だよね？」

「そういうこっちゃ。だから、『結婚した』『お金持ちになった』と完了形で記載すること。

そうすることで、【実現した状態】が潜在意識にインプットされ、具現化しやすくなるんや。完了形の力がどれくらいすごいか、お前に実験したるわ」

「実験？」

「まず『ミポリンと結婚しい、たい』と言いながら、ワイと腕相撲や」

「ちょっと、ちょっと、まだやるって言ってないんですけど！　でも、猫に負けるわけにはいきませんよ。

『ミポリンと結婚したい』『ミポリンと結婚したい』『ミポリンと結婚したい』

……おりゃー！」

ボロ負けだった。猫に負けるなんて、生涯の不覚……。

「にゃははは。クソ弱いやんけ！　ほな次や。次は、『ミポリンと結婚した』と言いながらや」

「く、くそー。次こそは絶対に負けない！　『ミポリンと結婚した』『ミポリンと結婚した』『ミポリンと結婚した』『ミポリンと結婚した』……おりゃー！」

勝った。勝ったのだ。不思議だった。言葉を換えただけなのに、力の入り具合がまったく違ったからだ。ちなみに、叶えもんが手を抜いた様子はない。

「にゃははは。やるやんヒロ」

「うん、言葉を換えただけなのに、すごいよ。でもなんで？」

「まあ、これが言葉の力っちゅうことや。言葉を舐めたら痛い目に遭うでー。使う言葉には慎重にな」

「はい。消費者金融と言葉の使い方は慎重に、だね！」

「ほな次や。第3のルールは、**【肯定形で書くこと】**。

脳はな、否定形を認識することができへんからな」

「否定形を認識することができないとは？」

「たとえばヒロ、青色のライオンを絶対に想像したらあかん！」

「青色のライオン？　何それ、気持ち悪！」

「おいヒロ、〝想像するな〟って言ってるのに、何想像してるねん」

「いやいやそんな殺生な」

「にゃははは。**人間はな、『〜しないでください』と否定形の言葉を使っても、無意味やねん。**結局、青いライオンを想像してしまったお前みたいにな。

やから『病気になりたくない』とか『貧乏になりたくない』って書き方をすると、『病気』や『貧乏』という現実が叶ってしまうねん」

「〝レモンのことは考えるな〟って言われても、口の中からツバが出てきちゃうもんね……」

「そういうこっちゃ。やから否定形で書いたらあかんで。

ほな第４のルールや。**【明確に夢や目標を書くこと】**や。

たとえば、お前がファミレスで『食べ物をください』って注文したらどうなる？」

「『当店には食べ物しかございませんが……。メニューからお選びいただけますか？』って確実に変な人扱いを受けるだろうね」

「お前らはまさに、そういう変なお願いの仕方をいつもしてるねん。

『お金持ちにしてください！』って、いくらや！

『恋人が欲しい！』って、ほなとっておきのブサイクな恋人を用意したろか？」

「ごめんなさい、ごめんなさい！　とにかく人間を代表して謝ります」

「だから、明確にオーダーすることや。

『Ｗハンバーグ定食をよろしくお願いします』とオーダーすれば、ファミレスではちゃんとそれが出てくるやろ。

一緒や。欲しいものを明確にオーダーせえ」

「店長、かしこまりましたぁ」

「第５のルール。**【期限を明確に書くこと】**や。

期限を書かないといつまで経っても夢は現実化されへんで」

「でもさ、期限も何もすぐに叶えてくれたら良くない?」

「じゃあ、逆にお前が死ぬ、まさにその日に、宝くじ1億円当ててやってもええってことやな?」

「前言撤回。心から謝罪します」

「そうじゃなくても期限は大事やで。お前は期限のない仕事をうまく最後までやりとげたことがあるか?」

「期限のない仕事はどうもスイッチが入らなくてさ。どんどんデスクの片隅に追いやられていっちゃうんだよね……」

「そやろ。期限のない願いは、ないも同然や。ほな第6のルールにいくで。【叶って当たり前だと思ってオーダーすること】や」

「叶って当たり前?」

「そや。たとえばな、ネットで何か注文したことあるか?」

「たまに本を買ったりするけど……」

「ネットで何かを注文する時、注文したものが届かなかったらどうしようなんて考えへんやろ？」

「そりゃそうでしょ。注文したものが届かなかったら、即クレームだよ」

「一緒や。お前も、願いをオーダーした自分を信じ、微塵も疑ったらあかん。自分の夢が叶い、絶対に成功することを信じきるんや。この世界は信じたことが具現化するようになっているからな」

「でもさ、そうやって信じきって、叶わなかったらショックじゃん。だから信じきれないんだよね……」

「そしたら第7のルールを実践せえ。【書いた夢が期限通り叶わなかったら、もっと良いことが起きると思え】や。そしたらがっかりすることもないやろ？」

「うん、たしかにそう思うとなんだか気が楽になるね。叶わないこと自体が、叶う前兆。そう思うと、叶わなくても少しだけワクワクできるし」

「そういうこっちゃ。ほんならいよいよ最後のルールにいくとするで。

最後は、すべての願いを書きおわったノートは、**【箱に入れて見えないところにしまっておくこと】**や」

「え？　せっかく書いたのに？」

「そうや、ずっとノートを持って意識してたら、叶わへん。

それは、量子ゼノン効果の話をした時に教えたったやろ？」

「あぁ！　やかんのお湯が沸くのを目の前で待ってたら、一生沸かないって話ね。

そうか、意識しちゃダメなんだな」

「そう。この8つのルールを守れば、かならず願いは意図化して叶うはずや」

「なんかすごいノートを手に入れた気がする」

「ほな、さっそくこのノートに101個叶えたい夢を書きだしてみ。

遠慮せずに思いっきり叶えたいことを書いたらええわ！」

「は、はい！」

こうして、僕は夢かなノートに専用のペンを使って、101個の夢を書きだした。

・僕は3カ月以内に世界一理想の彼女、ミポリンと結婚をした
・僕は1カ月以内に今の仕事を辞めた
・僕は2020年までに人の願いを叶えるお手伝いをする講師になり、毎月1000万円以上を稼いだ
・僕は2020年から、地上30階建てのタワーマンションに住んだ

書いたのは、その他もろもろ今まで心に秘めていた願い。ノートには僕の願いが、101匹わんちゃんのように遊びまわっていた。

「へえお前、仕事辞めたいんか？」

「ちょっと、ちょっと！　人のノートを勝手に見ないでよ」

「ほんで人に〝夢の叶え方〟を教える講師になるっていうのが今のお前の夢なんやな」

「うん、実はね。叶えもんにたくさんのことを教わってきただろ？　次は自分が誰かの力になる番になりたいって思ってね」

「……ヒロ」

「あれ？　あれあれ？　叶えもん、なんか顔がピンクになってない？　あれあれ？」

「うっさい！　ピンクなんは、いっつもや！」

こうして、たわいもない時間を過ごした1カ月後のこと。

「先輩、僕、会社を辞めます」

「お、おい高橋。せっかくチームリーダーになって、良いところじゃないか！ここ1カ月だって、バリバリ仕事をこなしていたし。

なのに、どうして今なんだ？」

「はい。〝今〟だからです。僕には夢があるんです。

人の夢を叶えるお手伝いをする講師になることです」

「お前自身が何にも夢を叶えてない未熟者なのにか？」

「はい。そんな夢の半ばの僕だからこそできることがあると思うんです。

僕なら、その人たちが何が分からないかを分かってあげることができます。

それに……」

「それになんだ？」

「ハンバーグ定食が食べたいのに、和定食を頼んでしまうような人生はもう嫌なんですっ!!」

「はぁ？」

「僕は、ハンバーグ定食を頼むパラレルワールドに行きたいんです！」

僕は人生で初めて、自らの人生に対して大きな決断を下した。

上司はちんぷんかんぷんな顔をしていたが、そんなことはどうでも良かった。
これは世間にとっては小さな一歩かもしれないが、僕にとっては大きな一歩だからだ。
そして、歩みだして気づいた。
ちょうど1カ月前、叶えもんが出してくれたノートに、
「僕は1カ月以内に今の仕事を辞めた」
と書いたことを。

今回の夢かなセンテンス

- 「人間の脳はイメージと現実を区別できない」
- 「臨場感のあるイメージができれば願望を意図化できる」
- 「イメージしたものを明確に言語化すると夢が現実化しやすくなる」

夢を叶える秘密のワーク

まずは、叶えたい夢をノートに101個書きだしてみ。そして書きおえたら、どこかにしまっておくんや。しばらくしてそのノートを見たら、ほとんどの夢が叶ってるはずやで。

夢の3兄弟「思考」「言葉」「行動」

【レーザー幸線銃】

「ねえ、叶えもん。そもそもなんだけどさ」

「なんや」

「叶えもんって、夢を叶える道具が出せるんだよね？」

「なんや今さらかいな」

「いや、だったらさもっとこう派手な道具はないのかなって。いきなり【ミポリンと結婚する未来】に場面が切りかわるようなとっておきの道具がさ」

「あるで」

「え？　まじ？　さすが叶えもん！　じゃあ、さっそくその夢かな道具を、お願いできますでしょうか？」

「いいや、それはできん」

「なんでだよ、ケチくさいな！　あるなら出してくれたっていいだろ！」

「なんや、ワイがこれまでに出した道具は叶え方がまどろっこしい言うんか？」

「い、いや、そういうわけじゃないんだけど、結局、最後の最後は自分が頑張らないといけないのかなって。

この前、仕事を辞める時も最後の最後で言葉を口にしたのは、僕なわけだし」

「**誰かに叶えてもらった夢になんの意味があるねん!!**　ボケ！」

「でも……誰かに叶えてもらったほうが楽じゃない？　ねえ……？」

「お前って奴は……。いろんなこと教えてきたこの段階で、まだそんなこと言うんかいな。

じゃあ、お前は他人にもらった車と、自分で必死に働いた給料で買った車やったら、どっちが大事にできる？」

「そりゃ、自分で買った車でしょ。

傷1つ、つけないように大切にするね」

「夢も一緒や。誰かに叶えてもらった夢なんて、大事にできるわけないやろ。夢は自分で叶えてこそ意味があるねん！

ワイはあくまでその手助けになる道具を出してやってるだけや！」


いつになく吠える叶えもんに戸惑った僕は、たこ焼きをふるまってみるも、その下心はすぐに見透かされ、叶えもんの怒りのボルテージをさらに上げる結果となってしまった。


「たこ焼きごときでワイはごまかされへんで。

で、ヒロ。夢を叶える上で一番に大事なんは、なんやと思う？　むしゃむしゃ」

「結局、食うのかよ。

夢を叶える上で一番大事なこと？

……そりゃ、道具でしょ！　叶えもんの夢かな道具」

「お前、1回11次元の海に漂流させたろか！」

「ちょっと、ちょっとおどしがきついよ、叶えもん」

「ヒロ、お前は、この間教えたった夢を叶えるポイントを覚えてるか？」

「『イメージすること』と『言語化すること』だろ？」

「そや。ただな、夢を叶えるためにもう1つ大事なことがあんねん。

そして、それこそが最も重要なポイントなんや」

「えーなになに？ もったいぶらないで、早く教えてよ～」

「**それは圧倒的な行動や！**」

「圧倒的な行動？」

「そや。行動しなければ夢は叶わへんで。

たとえば、〈志望大学に合格したい〉って夢があるとするよな。そんな時、ヒロならどうする？」

「ん～、テストの時に賢そうな人の隣に座って、チラッと回答を……」

「誰がカンニングせえ、言うてんねん！」

「冗談、冗談。そりゃ勉強するでしょ。必死になって勉強するしかないよ」

「勉強するんは、誰や」

「そりゃ〝僕〟だよ。僕以外が勉強したって、僕は英単語1つ覚えられないじゃん」

「そやねん。〝お前自身〟が動かな意味ないねん。大学に受かることをイメージして、『絶対に志望する大学に合格するぞ！』って宣言してもな、お前が受験勉強を圧倒的にせんかったら合格できへんやろ？」

「たしかにね。カンニングして合格したって、多分すぐに大学に行かなくなるだけだろうしね」

「そういうこっちゃ。ええか、11次元の力をもってしても、**最後の最後で自分の夢を叶えるのは自分や。**

そして、叶えるための3つのステップは、

1．臨場感のあるイメージをすること（思考）

2．明確に言語化すること（言葉）

3. 圧倒的に行動すること（行動）

や。この3つは次のテストに出るぞ。メモっとけ！」

「はい！　先生、しっかりメモをとりました！」

「もっと言うとな、夢を次々と叶える人は、この3つ『思考』『言葉』『行動』の波長がすべてそろっている人なんや」

「波長がそろう？」

「普段考えていること、言っていること、やっていることが合致しないとなかなか夢を叶えることができないっちゅうことや。

お前が〈ミポリンと結婚したい〉と思っても、言葉では〈さやかちゃんと結婚する〉と言い、〈プロポーズをまりちゃんにした〉らどうなると思う？」

「うーん、3方向からビンタをくらうだろうね。ほっぺたがいくつあっても足りないよ。

……って、なんで僕が学生時代に好きだった女の子の名前を知ってるのさ！」

「にゃははは。すべてお見通しや。

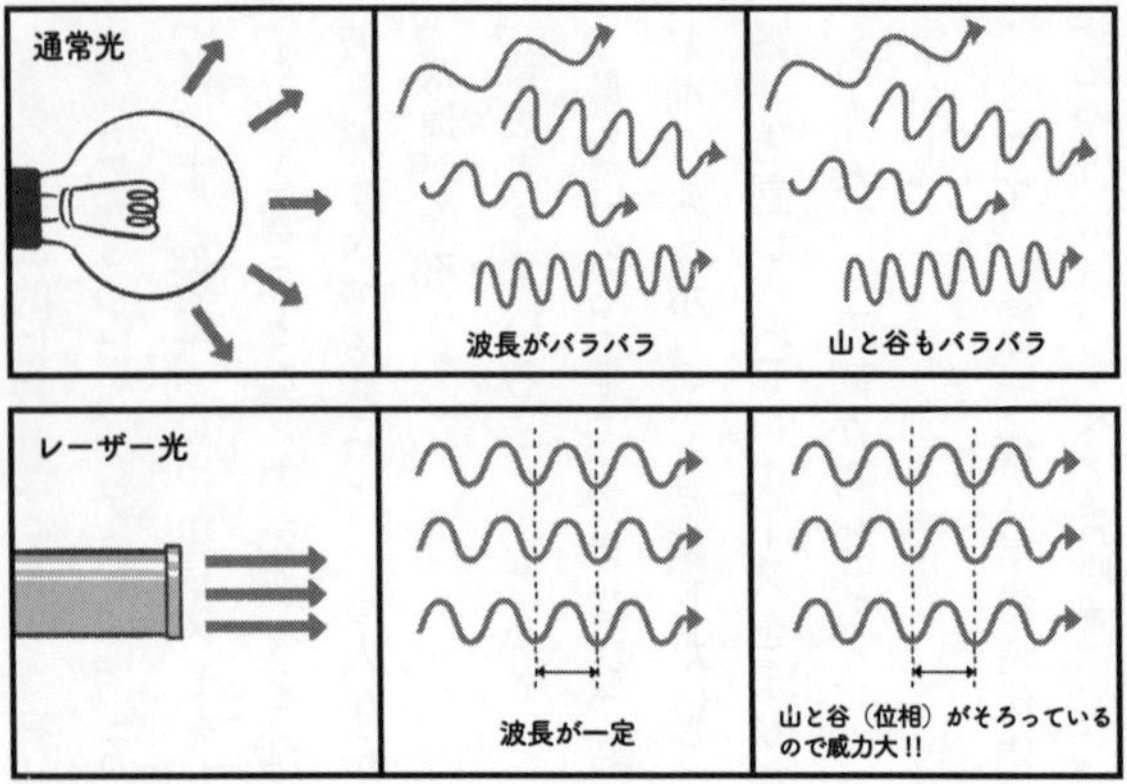

そんでなこの3つがそろえば夢が叶うスピードがぐんと上がるで。ちょうどレーザー光線のようにな」

「レーザー光線!?」

「そや、**レーザー光線はな、光源から発せられるすべての光の波長と位相が同じやねん。**

だからあんなふうに遠いところまではっきり、まっすぐに光を届かせることができるんや」

「おお、おそるべしレーザー光線の力!」

「お前もレーザーのように夢を次々と叶えたければ、思考、言葉、行動の波長をすべてそろえることやな。

ガンジーも言ってるで。

“幸福とは、
あなたが考えることと、
あなたが言うことと、
あなたがすることの
調和がとれている状態のことだ”

ってな」

「本当だ！　まさに思考、言葉、行動の3つじゃないか！
でも、なかなかこの3つの波長をそろえるのは難しいなぁ」

「任せとき！　ここまで来たら、ワイの出番やんけ！」

「よ！　叶えもん！」

「レーザー幸線銃～～！」

使い方

夢を叶える3つのポイント「思考」「言葉」「行動」の波長をそろえ、夢を叶えるスピードを上げることができる。

「この幸線銃を自分の頭に撃ってみ。するとお前の思考、言葉、行動のすべての波長がそろって夢が叶うスピードがレーザービームのように特段にグレードアップや！」

「これを頭に？　本当に大丈夫？」

「行動せんと、やめるか？」

「はいはい、分かりましたよ。撃てばいいんでしょ、撃てば」

僕はおそるおそるレーザー幸線銃の銃口をこめかみ辺りに当てがい、引き金を引いた。

すると、ズドーンと雷に打たれたような痺れが全身をかけめぐった。

「ヒロ、どうや。今、一番手に入れたいものは？」

「今、僕はミポリンと結婚したいです。

……というか、結婚します！」

急に自分の言葉に力が入った。

そして、ミポリンにすぐに連絡し、次の日曜日にデートの約束を取りつけた。

決戦の地はディズニーランド……！　給料3カ月分の婚約指輪も用意した。

それだというのに、デート当日が近づくにつれてテレビで流れる日曜日の天気予報は「雨」。僕の心にも、未曾有の大雨が襲った。

それでも時計の針は待ってくれない。

——そして、いよいよ泣いても笑っても1回限りの決戦の日はやってきた。


「ヒロくん、おはよう！　なんとか天気もったね」

「ミポリン……いや、美穂さん、本当に良かったよ。美穂さんの日頃の行いがいいからかな。えへへへ」


ところが。事件が起きたのは、シンデレラ城の時計の針がちょうど12時に差しかかかった時のことだった。

「あ、雨だ」

ミポリンが、空から振る雨のごとくぽつりと言った。その雨は、またたく間に勢いを増し、レーザービームのように2人を襲った。

今までの僕だったら恥ずかしそうにビニール傘を差し、結局ここで試合終了のホイッスルを迎えていたことだろう。でも、もう今までの僕とは違う！

僕は懐からとっておきの道具を出した。

そう。あの時買った高級傘だ！

「ヒロくん、すごく素敵な傘だね」

「美穂さん、雨に濡れないように一緒に入ろう」

「ヒロくん、これ……」

ミポリンが驚いたのは、ちょうど僕の傘に入り、傘に当たる雨の様子を窺った瞬間だった。

実は傘の裏側に、メッセージを書いておいたのだ。

ちょうど傘の内側がプラネタリウムのスクリーンになるように、星のシールを使って。

僕たちだけの夜空に浮かびあがった新しい星座は、

「結婚してください」

の8文字。

「はい、喜んで」

はっきりとそう聞こえた。

横を見ると笑っているのか、泣いているのか、粒子と反粒子が混ざりあったような表情を浮かべる彼女がいた。

僕はそんな彼女を絶対に一生見失わないようにと、トドメの「行動」に出ることにした。

……というか、レーザー幸線銃のおかげなのか、勝手に口が開いていた。

「美穂さん、僕と結婚してください！」

シンデレラも驚くほど大きな声で、僕は彼女にプロポーズをしたのだ。すると今度は屈託のない笑顔で彼女は答えた。

「はい、喜んで！」

こうしてミポリンは見事、僕だけの太陽になった。

薬指に輝くダイヤモンドのおかげで彼女は一段とまぶしく見えた。

僕は、「悲しみの雨」を「恵みの雨」に変えることに成功したのだ。

今回の夢かなセンテンス

- **「夢を叶えるために最も大切なことは圧倒的な行動」**
- **「思考、言葉、行動の波長をそろえるとレーザーのように最短最速で夢が叶う」**

夢を叶える秘密のワーク

夢を最短で叶えるためには、思ったことをすぐに行動に移すことや。先延ばしせずに思いついたら即行動する習慣を身につけてみ。すると潜在意識がクリアになって次々と引き寄せが起きるで。もしそれが難しいようやったら、自分に問いかけるマジカル・クエスチョンを教えたるわ。

① 今、最も叶えたい夢はなんですか？

② その夢を実現するために今すぐできることはなんですか？

（例：夢＝サッカー選手になりたい→今すぐできること＝サッカーボールを買う）

こうやって、どんどん夢を細分化していって、今の自分でもできることまでハードルを下げたんねん。そしたらすぐに動きだせるやろ？

世界に感謝すると、世界から感謝が返ってくる

【感謝のクラブサンドウィッチ】

僕は会社を辞めて自由になった。好きな時に好きな場所で仕事ができる。

さらに遊びたい時に遊べる。なんて幸せなのだ。

今だってこうして、平日の昼間から近くの喫茶店で、アイスラテを片手に、講師業の資料を作成している。

しかもこの生活の隣にはいつもミポリンがいる。なんて言ったって、彼女はもう僕の妻だ。（仕事を辞めたばかりの僕と結婚してくれるなんて、ミポリンはどこまで懐が深いんだ！）

僕は、アイスラテと共に、これまでにない幸福感を味わっていた。

すると外から、帽子を目深にかぶり、ふとぶちのサングラスをかけた怪しげな男

が入ってくるのが分かった。その男は一直線に僕のところに向かってきて、目の前のソファに腰掛けた。

「お前、こんなところで何やってんねん」

「う、うわ！　誰かと思ったら、叶えもんかよ！

いや、アイスラテをお供にこれまでの人生に浸ってたところだよ～。

幸せだな～って」

「呑気なやっちゃ。そんなヒマあるなら、資料の1つでも作成せえ！

まあ、ええ。気分良さそうなお前に、ワイからもええもんごちそうしたるわ」

「ちょっとちょっと、変なの出すのやめてよ～？

せっかく気分がいいんだからさ～。

あ～幸せだな～」

「にゃははは。安心せえ。

そんなお前にぴったりなメニューや」

「感謝のクラブサンドウィッチ〜〜!」

使い方

どんな小さな出来事も奇跡の連続によって起きていることが分かるサンドウィッチ。食べた後、感謝で涙がこぼれる人、続出。

叶えもんが差しだしたのはハートの形をした不思議なサンドウィッチだった。はさまれた具はなんの変哲もない卵やトマトに見えるが……。

おそるおそる僕はそのサンドウィッチを口にした。すると、急に脳内でこのサンドウィッチができあがるまでの映像が、事細かに再生された。

小麦畑で農家の人が汗びっしょりになりながら小麦を作るシーン。

パンにはさむ材料が、畑や牧場などでさまざまな人の手によって作られるシーン。

材料が工場までトラックで運ばれるシーン。

そして、パンが作られ、パンにはさまれる材料が下ごしらえを終えるまでのシーン。

あげくの果てには、サンドウィッチの試作品がたくさん作られ、何百回も試食しているスタッフのシーンまでもが、走馬灯のように流れた。

この映像により、たった1つのサンドウィッチには、たくさんの人の努力や苦労までもがはさまれていることを知った。

そう思うとなぜだろう、この感謝のクラブサンドウィッチを味わうだけで自然と涙が溢れてきた。


「う、う……。叶えもん、サンドウィッチを食べて涙をこぼしたのは初めてだよ」

「見てきたか。高次元の映像を」

「高次元の映像？」

「そや。普通の人は、物事を点（0次元）や線（1次元）や平面（2次元）でしか見てないねん。

でもな本当の成功者は、物事を立方体（3次元）の視点や4次元の時間軸の視点まで広げて見てるねん。

そやから、【クラブサンドウィッチを食べる】っていうたった1つの行為をとってみても、サンドウィッチがどうできて、どうやって自分の目の前に届いたかに気づくことができる」

「そっか。そこまで視点を広げて物事を見たことがなかった」

「ほんならヒロ。これまでの人生で出会ってきた人や出来事を思い出して、もう1回、このサンドウィッチを食べてみ」

「どれどれ、じゃあいただくとしますか」

そう言うと僕は、お皿に載ったもう1つのサンドウィッチを手にとり、口に運んだ。するとまたもや脳内で映像が再生されるのが分かった。

走馬灯のように流れるその映像は、「今の僕」にたどりつくまでの幾通りものシーンによって構成されていた。

もし、僕がお父さんとお母さんの間に生まれていなかったらこんな幸せな人生を歩むことができなかった。……というかこの世界に存在すらしていない。

もし僕が、学校の先生に出会っていなかったら、「誰かに何かを教えたい」と思うようなことはなかった。

もし僕が、前妻（鬼嫁）に出会っていなかったら、ミポリンとの幸せな結婚生活はなかった。

もし僕が、ブラック企業に入社していなかったら、人の痛みが分かるような人間になっておらず、今のような天職を見つけることができなかった。

もし僕が、もし僕が、もし僕が、もし僕が、もし僕が……。

そして何よりもし僕が、ダメダメじゃなかったら、まちがいなく叶えもんと出会えてすらいない。

その時突然、映像がビリヤード場へと変わった。

ビリヤードのテーブルには9個のカラフルな球と、プレイヤーが打つための白い球が並んでいる。

プレイヤーは狙いを定めてキューで白い球を打った。

すると、黄色い球に当たり、その球は青い球へ、つづいて赤い球の中心をついた。

勢いがとどまることを知らない赤い球は、紫球にたどりつき、当たると同時に勢いを弱め、その場に居座った。

その代わりにと言わんばかりに紫球は、オレンジ球へと難なくたどりつき、その

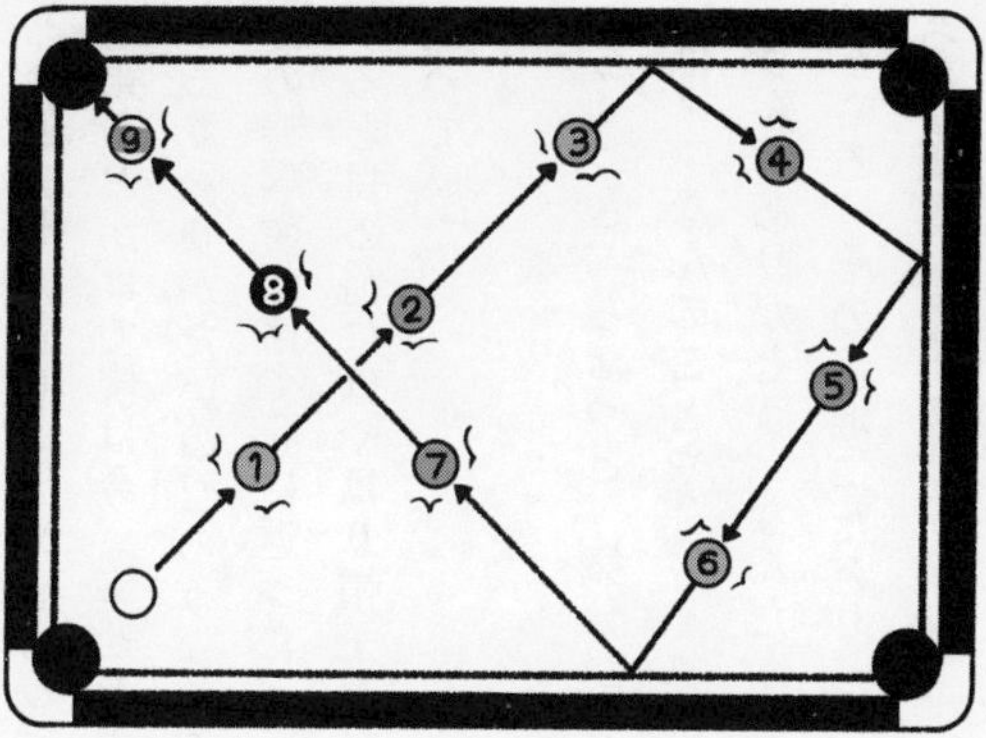

後、緑球、茶球、黒球へと順番にその勢いを託した。

そして、黒い球が射止めたのは「9」と書かれた球。

黒球に背中を押された9番の球は、テーブルの隅に設置されたポケットと呼ばれる穴へと吸いこまれていった。

もし1つでも球が不足していたら。もし少しでも入射角がずれていたら。そしてもし、そこにポケットがなかったら。

まちがいなく「9番」の球はポケットまでたどりつけなかった。

人生も同じだ。これまでの出会い、これまでの出来事、文字通りどれ1つが欠けたとしても、今の現実は起こりえない。

辛い過去も、悲しい出来事もひっくるめて、すべての登場人物、すべての出来事の連鎖のおかげで僕は今、幸せを手に入れているのだ。

なんてありがたいのだろう。そう考えたらますます涙の勢いは止まらなくなり、自分の嗚咽する声で我に返った。

すると目の前にはやはり帽子を目深に被り、怪しげなサングラスをするおっさんが座っていた。

「ちょっと、ちょっと、気分が台無しだよ〜。せっかく良い気分だったのに」

「は？　なんのことや？　それより見てきたんやな」

「うん、ありがとう。なんだか世界が違って見えるよ」

「そやろ。その境地にたどりついたお前にはこれから、どんどん良いことが起こるやろな」

そう言うと叶えもんは、喫茶店のマスターの「何も頼まんのかい!」という呆れた視線を浴びながら、僕の元を去っていった。

不思議なことが起こったのは、ちょうど喫茶店からミポリンの待つ自宅に向かう帰り道でのことだった。

僕に〝教える魅力〟を教えてくれた恩師に街中でばったり会ったり、欲しいと思っていたゲームソフトの入荷日に出くわしたり、駅に着いた途端、電車が到着したり。

とにかくツキまくる現象が起こったのだ。

極めつきは、これだった。

ゲームソフトを購入した時にもらった商店街のくじに挑戦してみると、なんと1等のハワイ旅行に当選したのだ。

「叶えもん~! なんだか良いことが起こりすぎて怖いよ!」

「いや、当たり前やんけ」

「え!? 当たり前!? そんなわけないじゃん! これまでダメダメだった僕にこんなに良いことばかりが起こるだなんて」

「いや単純な話や。

お前が世界に感謝したから、世界から感謝が返ってきただけや」

「!!」

「そういうこっちゃ。この世界は共鳴の世界や。

お前から感謝の周波数が出てたんやから、当たり前のようにお前の周りには同じ周波数のもんが集まってきたっちゅうだけの話や」

「だから、喫茶店の帰り際、叶えもんは自信まんまんにあんなことを言ったってことね」

「お前は今日、自分が生きてること自体が奇跡やってことを知った」

「うん、今こうして屋根がある生活を送れてること自体、感謝の気持ちでいっぱいだよ。

ダメダメだって思い込んで不満ばかり探していたけど、僕の周りはもともと奇跡で満たされてたんだ」

「にゃははははは。お前、本当にあのヒロか!?　すごい成長やんけ」

「そうです。私があのヒロです。

……って何させてんだよ！」

「これからは人に接する時は、『報恩感謝《ほうおんかんしゃ》』の精神で接することやな。そうすれば人生さらにうまいこといくで」

「ほうおんかんしゃ？　何それ」

「恩に報いて感謝するっちゅうことや。

お前の世界は十分に与えられ、支えられている。その恩返しをするつもりで人に接してみ。

仕事をする時も、〝仕事をしてあげてる〟っていう姿勢やなくて、恩返しをするつもりでやるんや。

家族と接する時も恩返しをするつもりで接してみ」

「はっ、はい！　今の僕ならできそうだよ。

……ねえ、ところで叶えもん……」

「ん？　なんや？」

「そうやってたくさんのものに感謝したら、夢かな道具いっぱい出してくれるぅぅ？」

「前言撤回！　感心して損したわ！

何見返り求めてんねん！

お前はイチから出なおせ！　いやマイナスからや！」

「そんなこと言わずさぁ。友達だろ〜、叶えも〜ん」


僕はいつものように叶えもんをからかい、ミポリンと叶えもんの3人で楽しい夜を過ごした。

叶えもんとの生活にタイムリミットが迫っているとも知らずに。

今回の夢かなセンテンス

🐾「人生は奇跡の出来事や出会いの連鎖」

🐾「『報恩感謝』の精神で生きれば、人生はうまくいく」

夢を叶える秘密のワーク

「感謝できること」を毎日ノートに書きだしてみ。今日出会った人、今日の出来事、感謝できることならなんでもええ。
極めつきは、お世話になった人や両親に感謝の手紙を書いて送ってみることや。するとな、ありえへんような奇跡が起こるで。

最終幕

もし今日生まれたとしたら、どんな人生にしたい？

生まれた瞬間、誰もが完璧だった

【バブーミルミル】

それはいつも通りの朝のはずだった。
しかしなぜだろう、いつもより静かな朝だと感じるのは。
そしてなぜだろう、いつもより部屋の空気の密度が低い気がするのは。
寝ぼけたまま、ふと横に視線を向けるとその答えがすぐに分かった。

叶えもんがいない!
それにどういうわけか、夢かな道具が部屋中に散乱している。

「叶えも～ん! どこに行っちゃったんだよ～!」

叫んでも、まったく返事がない。
すると、部屋の隅に謎の物体が落ちているのが分かった。
ピンク色をした蛇の抜け殻のような物体。
もしかして、魂が抜けて死んでしまったのだろうか？
心臓の振動数は上昇し、最悪のシナリオばかりが脳内をかけめぐった。
僕は抜け殻のような物体に何度も語りかけた。

「叶えもん！　ひどいよ！　僕を置いていくなんてさ！
まだまだ僕には叶えたい夢があるんだ！
ねえ、叶えもんってばぁぁぁぁぁぁぁぁぁぁぁぁ！
うわ〜ん。うわ〜ん」

僕の叫びはすぐに悲鳴に変わった。これからどうすればいいのだろうか？

夢を次々と叶えていきたいのに。

何より、叶えもんとミポリンと3人で、これからも楽しい日々を送っていきたいのに。

僕は部屋に散らばった道具の中から「感謝のクラブサンドウィッチ」を手にとり、叶えもんと過ごした日々を思い出していた。

最初は突然シロネコ宅配便で送られてきた叶えもん。

関西弁のへんてこな生き物が来たことにびっくりしたけど、僕に「見えない世界」のことや量子力学の話をたくさんしてくれた。

「お前には無限の可能性がある」

そうやっていつも僕のことを勇気づけてくれてたっけな。

最初は半信半疑だったけど、叶えもんの熱い言葉に僕はいつも胸を打たれていたんだ。

叶えもんがいなければ、今の僕はいない。

前妻に「ミジンコ以下」と呼ばれたトラウマも解消され、最高に理想的な女性のミポリンとも出会うことができた。

叶えもんのおかげで勇気を出してミポリンにプロポーズすることもできたし、結婚することだってできた。

それなのに、いなくなるなんて……。

僕の目からは、ナイアガラの滝のように涙が溢れていた。

叶えもん！　生きかえってくれよ！

また、たくさん夢かな道具を僕のために出してくれよ！

「僕の夢を叶えてよ！
叶えも～ん!!」

気づくと僕は全身の力を振りしぼって大きな声で叫んでいた。
届くはずのない声だと知りながら――。

「うるさいなぁ。外まで聞こえてるで。
そんなに騒がしく泣き叫んで、どうしたんやヒロ」
背後から聞こえるはずのない声がして、僕はすぐに振りかえった。
するとそこには見えるはずのない、叶えもんの姿があった。

「え？　幽霊？」
「はぁ？　何言うてんねん、お前は。ワイは元々幽霊みたいなもんやで。
ほれワイの足、見てみ」
「た、たしかに幽霊みたいな足だ。
じゃあ、さっきの蛇の抜け殻みたいなやつは何さ」
「あぁ、あれか。お前の言う通り、抜け殻や。
言ってなかったかいな。ワイは定期的に脱皮すんねん。
これ見てみ、ワイの肌を。つるつるやろ。

叶えもん2・0の誕生や!」

「はぁ、まったくうるさい奴だよ」

そう言って、僕は叶えもんをぎゅっと抱きしめた。

たしかにその肌はつるつるで逆にそれが気持ち悪かった。

「なんや、ヒロ。ワイが死んだとでも思ったんか?」

「だって朝起きていつものところにいなかったし、ややこしい脱皮なんてするからじゃん……」

「ワイが死ぬわけないやんけ。エイリアンやで?

それに仮に死んだとしてもな、素粒子となって別のエネルギーに変換されるだけや」

「エネルギー?」

「そや。この世界は見える世界も見えない世界もすべてエネルギーで、できているって言ったやろ？

ワイがたとえ死んだとしても、別のエネルギーに変換されるだけや。せやからエネルギーの世界ではお前といつまでもつながってるで」

「そんな。エネルギーに変換されるなんてさみしいよ……」

「なんやまだ、形にとらわれてんのか？

お前の見てるこの世界は、あるかもしれないし、ないかもしれない実体のない世界なんや。

般若心経を学んでみ。この世界は色即是空の実体のない世界だと分かるはずや。

形あるものにとらわれると苦しみや悲しみを生じてしまうで。

どんな状況でも心を平穏に保つためにあらゆるとらわれから解放されたほうがええな」

「そっ、そんなあらゆるとらわれから解放される方法なんてあるの？」

「もちろんや」

「バブー
ミルミル〜〜！」

使い方

とらわれやしがらみが1つもなかった生まれたばかりの頃の脳（別名：赤ちゃん脳）に戻れるミルク。

「このミルクを飲むと、赤ちゃんの脳に戻れる」

「ばぶー。って、赤ちゃんの脳になんて、戻りたいと思ったことないんだけど。あの念のため言っとくけど、僕、赤ちゃんプレイとか興味ないからね？」

「いいや、赤ちゃんってすごいんやで。**だって、赤ちゃんには悩みや苦しみが1つもない**」

「当たり前でしょ、まだ生まれたばっかりなんだから」

「いいや、当たり前やない。大人だって、やり方次第で悩みや苦しみがない状態になれるねん」

「え？　そうなの？　1つも!?」

「ああ、そうや。赤ちゃんには思い込みや執着がない。やから、固定観念や常識も1つもないねん。善悪の判断をしてる赤ちゃんを見たことあるか？」

「そんな赤ちゃんいたら怖いよ」

「そう、だから赤ちゃんは善悪の判断もせず、物事をありのままに見ることができる。地震が起きても動じないし、ママがどれだけ怒ってても知らん顔。**生まれたばかりの赤ちゃんは、いつだって平穏なんや**」

「赤ちゃんってお坊さんかよ！　すげー」

「やっと分かったかいな。ところが大人になるとな、

『こうしなければならない』

『こうすべきだ』

という思い込みや信念が刷りこまれてしまう。

そして、お前たちの可能性を制限してしまってるんや」

「こういう思い込みってどうして生まれてしまうんだろう？」

「ルールのせいや。

法律、憲法、世間の目、プライド……。

お前たちの世界では、人を支配するためにあらゆるルールが生まれた。そして、そのルールがお前たちの首を縛ってる」

「でもさ、ルールがなくなったらこの世界には秩序がなくなってしまうんじゃな

い？」

「大丈夫。人間の作ったルールがなくなっても宇宙の法則というルールは健在や。

同じ波動のものが引き寄せあう法則や、
最も身近なものに影響を受ける万有影響力の法則、
それに、陰陽の法則……。

これまで教えてきた数々の宇宙法則に従って生きれば、ちゃんと秩序は保たれるようにできてる。

森に法律はあるか？」

「森に法律？　あるわけないね」

「それやのに森が秩序を失わへんのは、宇宙法則に従って自然に生きてるからや。

森は、吹く風に逆らったりせえへん。

森は、降りそそぐ雨を恵みに変える。

森は、生まれた場所に文句も言わず悠然と佇む」

「詩人かよ……」

「う、うるさい！　たまには語らせろ！

とにかくこのバブーミルミルで宇宙の流れに従って生きろ！

そしたら、宇宙と調和がとれて、最高の人生を引き寄せることができるでぇ」

「え？　赤ちゃんに戻るだけじゃなくて、最高の人生まで!?」

「そや。赤ちゃんは過去にとらわれることもない。

未来を恐れることも不安がることもない。

赤ちゃんは〝今、ここ〟を生きてるんや。

お前が、完全なる赤ちゃん脳を身につけることができたあかつきには……

本当の自由を手に入れ、どんな人生でもクリエイティブ能力を発揮できるはずや」

「飲みます！　飲ませていただきます！　ばぶー」

「そんな覚悟の決まったお前にもう1つ耳寄りな情報や。

赤ちゃん脳になると、脳波がアルファ波、シータ波に変換されて、量子場情報にアクセスできるようになるんや」

「りょうしば情報？　漁港の情報ってこと？

僕、釣りとか特に興味ないんだけど」

「アホ！　量子や量子！

脳内のGoogle検索エンジンのようなもんやと思ったらええ。

つまり、量子場情報にアクセスできたら、どんな答えでも見つけることができるってことになる」

「え？　それって超便利じゃん。

頭の中で、『むかつく上司　撃退法』って調べたら、すぐに答えが返ってきちゃうわけ？」

「そや。どんな答えでも見つかるで。

赤ちゃん脳＝量子場情報にアクセスするための条件だと思ったらええ」

「赤ちゃん脳すごすぎ〜！」

「ほんならさっそく飲んでみ」

そう叶えもんに促されると、僕はバブーミルミルの乳首の部分を口に含みミルクをチューチューと吸ってみた。

ミルクを飲もうとすると吸いこむ力が思いのほか必要で、僕は一心不乱に吸いこんだ。すると、脳内の圧力がどんどん高まっていくのが分かった。

結局、コップだったら一瞬で飲めるであろう量を、何十分もかかってやっとのことで飲み干した。

「ぜえ、ぜえ。叶えもん、ようやく飲みおえたよ」

「気分はどうや？」

「うん、今までだったらこんなことやらされたら絶対にキレてた。だけど、今は不思議と達成感でいっぱいだよ」

「道具のおかげで目の前のことに夢中になれたからやろな。誕生日おめでとう」

「え？　僕の誕生日はだいぶ先だけど？」

「違う。新しいお前が誕生したんや。めでたいことやないか。
すべての執着や思い込みから解放された今、お前がやりたいことはなんや？」

これまでだったら、こんなふうに「やりたいこと」を聞かれた瞬間に、なぜかまっさきに「やれない理由」を探して、答えることにすら億劫になっていた。

だから、照れ隠しのように「大富豪になりたい！」って答えていたのだ。

でも今考えたらそれっておかしなことだ。相手は「やりたいことは何？」と聞いているだけ。別に「やれ」なんて言ってないからだ。

何を答えようが自由なのに、いきなり「やれない理由」を探すなんてナンセンスな話だ。

つまり、「やりたいこと」をやれない、最大の敵は自分だったということだ。自分で自分にストップをかけていたのだ。

「やりたいこと」を答えることは何１つ恥ずかしいことじゃない！

「叶えもん、僕ね、今まで〝大富豪になりたい！〟って叫んでただろ？

あれ、嘘なんだ。いや、嘘っていうか大富豪になりたいのは本当なんだけど、その理由は、ビル・ゲイツみたいに困っているたくさんの人に寄付したいからなんだよね。

それに、僕と同じようなDV被害で苦しんでいる女性の力にもなりたい。起業支援や独立支援をするのもいいかもしれない。

恵まれない子どもたちもほっとけないよ。

とにかく困っている人の力になりたいんだ。困っている人代表としてね。

そう。ヒロだけに、みんなのヒーロー、ヒ、ヒーローになりたいのさ！

でもそんなこと口が裂けても言えなかった。『お前なんかが人助けを？』って思われるのが恥ずかしくてさ」

「素敵な夢やんけ。お前なら叶えられるわ」

「そ、そうかな？」

「あぁ、お前だけやない。**夢を叶えられへん人なんてこの世界にはおらへん。**

どんな人にも無限の可能性がある！　あらゆる可能性の未来が待ってる！

パラレルワールドの扉が無限に広がってるんや!!」

「えいえいおー！」

「お前は今日生まれ変わった。新しい道を行くお前は、これからたくさんの人に出会うやろう。

その中には、お前とおんなじように、自分のやりたいことすら声を大にして言えへん人もたくさんおるかもしれへん。

そんな時に、この質問をしたってほしい」

そう言って叶えもんは、僕の耳元でこんな言葉をささやいた。

「もし今日生まれたとしたら、何がしたい?」

もう一度言う。

生まれたばかりの赤ちゃんには苦しみや悩みがまったくないという。

それは、この世界に対する固定観念や執着が1つもないからだ。だから赤ちゃんの視点で悩みを見れば、かならずそこに解決の糸口が見いだせるはずなのだ。

かと言って、全員の家に行って「バブーミルミル」を配るわけにはいかない。

だったら言葉の魔法を使って子どもの頃に戻ればいいんだ。


「もし今日生まれたとしたら、何がしたい？」


たった1文だけど、一気にこれまでの固定観念や執着を外してくれる。

その先に待っている答えこそ、本来僕たちがやるべきことなのだろう。


「叶えもん、この質問はすごいや。うじゃうじゃとやりたいことが出てくるよ」

「せやから言うてるやろ。赤ちゃん脳はすごいんや。

ま、ワイからしたら、お前らみんなまとめて赤子みたいなもんやけどな」

「なーに、年寄りみたいなこと言ってんの。ちょっとは若返ったほうがいいんじゃない？　ほら飲みなよ、バブーミルミル」

「や、やめろ、ワイはミルクが嫌いなんや！

あー臭い、臭い！」

「ふふ、今度は子どもみたいだね。

まあそう遠慮せずにさ。ほらほら～」

「やめてくれ～」

すっかり日は落ち、窓から差しこむ夕日が僕たちを照らした。
部屋の壁に映った僕たちの影は、少しずつ重なっていき、とうとう1つになった。
それはまるで、宇宙が始まる前のすべてが1つだった頃のように。

今回の夢かなセンテンス

「すべてはエネルギーの変換である」

「すべての人には無限の可能性があり、どんな人生でも創造できる」

「すべての答えは量子場情報にある」

夢を叶える秘密のワーク

もし今日生まれたとしたら、何がしたいんや？　この質問を投げかけて返ってくる答えこそ、お前がやるべきことや。
じゃあもう1回聞くで。
もし今日生まれたとしたら、何がしたい？

おわりに――この世のすべては物理学で説明できる

本書を最後まで読んでいただき、ありがとうございました。

この本は、少しでも多くの方に夢と希望を与え、誰にでも無限の可能性があることをお伝えしたく、執筆させていただきました。

小さい頃に唯一、影響を受けたアニメが『ドラえもん』。

高校生になってもその思いは変わらず、夢中で物理を勉強する毎日でした。

その甲斐もあって、大学では理工学部に進学しました。

大学入学当初の僕の夢は、『ドラえもん』のように次々と夢を叶える道具を作ること。

本人にとってはいたってまじめな夢ですが、はっきり言って痛い大学生です

（笑）。

それでも、実際に「研究の現場」に触れても思いは強くなる一方で、大学院ではロボット研究室に入り、人工知能の研究をしていました。

人工知能の研究をしているうちに、人間の心理、脳の仕組みなどにも興味を持つようになりました。そうして脳科学、心理学、哲学、宗教も学びました。

するとあらゆる学問の本質には「共通点」があり、その「共通点」が高校生の頃に夢中になって勉強していた物理学にあることに気づいたのです。

物理学（量子力学）は自然の法則を探究する学問です。

自然の法則は、「法則」と言うぐらいですから再現性があり、普遍的な真理です。

そして僕は、世の中の成功法則や成功哲学、心理学もまた、自然の法則の一部だと考えます。

そこで、それら法則の原理原則を解明すべく、物理学の理論をアナロジーとして活用し、本書にまとめさせていただきました。

特に一般には「怪しい」とされるスピリチュアルな世界の考え方も物理学（量子力学）で解明できるのではないかと考えております。

多くの人は、人生の悩みや葛藤を解決するために、さまざまな本やセミナーなどで学んでいます。ところが、「なぜ問題が解決するのか」を論理的に説明しているものが少ないように思います。

本書は量子力学という科学的理論を活用することによってなぜ悩みや問題が解決するのかを理解でき、腑に落ちることでしょう。

一方で、量子力学は未解明な分野でもあり、科学者や研究者の方には本書の理論が理解しがたい部分もあるかもしれません。ですが、本書ではあくまで物理学（量子力学）をアナロジーとして活用していることをご理解いただければ幸いです。

僕の人生の目的は、

「世界中の人々に夢と希望と勇気を与え、無限の可能性を引き出し、誰もが自己実現できる社会を創ること」です。

この人生の目的を果たすために本書を執筆しました。すべての人には無限の価値があり、無限の可能性があることをこれからも多くの方に伝えていきます。

もしこの本が気に入ったのなら、ぜひ、お友達にご紹介ください。お友達が笑顔になり、少しでも夢が叶うようにお勧めいただければうれしいです。

これまで出会った方、これまでご支援、ご指導いただいたすべての方に心より感謝申し上げます。本当にありがとうございました。

２０１９年10月吉日

高橋宏和

文庫化にあたって

本書を手にとっていただき、ありがとうございます。

本書はもともと『あなたの夢を叶えもん』というタイトルで世に出てから3年が経ちました。

出版されてから多くの方に愛され、たくさんの方から喜びの反響をいただいています。おかげさまでこのたび、もっと幅広く多くの方に本が届くようにと文庫化することが決定し、大変うれしく思います。

特に本書の出版までのエピソードが引き寄せ体験になっていますので、ご紹介します。

もともと本を出版したいという夢がありました。出版といってもどこから出版したらいいのか、どのように出版したらいいのかまったく分かっていませんでした。

ただ、私が好きな書籍である水野敬也氏のご著書『夢を叶えるゾウ』や、さとうみつろう氏のご著書『神さまとのおしゃべり』のように、夢の叶え方やこの世の仕組みを対話形式で面白くて分かりやすいストーリー形式で書きたいなと思っていました。

ある時、すでに出版されている方に相談したところ、サンマーク出版から出版することをお勧めされたのです。そして、サンマーク出版から『神さまとのおしゃべり』のような対話形式の本を書こう！　とイメージをしていたところ、なんと3日後、サンマーク出版の編集者の方から直接メッセージをいただき、打ち合わせをすることになったのです。

そして、その編集者と初めて打ち合わせをした時にとても驚きました。なんとその編集者はもともとワニブックス社に勤めていて、『神さまとのおしゃべり』の担当編集者だったのです。

まさに思い描いたことが現実化された瞬間でした。

また、本のタイトルも、もともと私はドラえもん好きだから「ドラえもん」と「夢を叶える」を掛け合わせて「叶えもん」という言葉がインスピレーションから湧いてきて、たった1回の1時間ほどの打ち合わせで決まったのです。

本書では、引き寄せの法則や思考が現実化する仕組みについて量子力学をアナロジーとして活用し、ストーリー形式にまとめました。量子力学を初めて学ぶ方、量子力学と願望実現の仕組みやその関係性について知りたい方はぜひ、本書を読んで実践してみてください。きっと、あなたの夢が次々と叶えられることでしょう。

本書の愛読者からは、いつも本を鞄の中に入れて持ち歩いているというお話をお聞きしました。「持っているだけで夢が叶いそう」と本をお守り代わりにいつも持っているそうです。文庫本であれば持ち運びが便利になり、いつも手元に置くことができ、うれしく思います。

本書をきっかけに、あなたの願望が実現することを心から祈願いたします。

令和五年一月　吉日

高橋宏和

LINE登録

本書は二〇一九年一〇月に小社より出版された『あなたの夢を叶えもん』を改題し、文庫化したものです。

イラスト……神保賢志
本文DTP……朝日メディアインターナショナル
校正……株式会社ぷれす
編集……岸田健児
新井一哉（サンマーク出版）

サンマーク文庫

量子力学から学ぶ
一瞬で「なりたい自分」になれる方法

2023年2月10日　初版印刷
2023年2月20日　初版発行

著者　高橋宏和
発行人　植木宣隆
発行所　株式会社サンマーク出版
東京都新宿区高田馬場2-16-11
電話 03-5272-3166

フォーマットデザイン　重原隆
印刷・製本　株式会社暁印刷

落丁・乱丁本はお取り替えいたします。
定価はカバーに表示してあります。

ISBN978-4-7631-6137-6　C0130

ホームページ　https://www.sunmark.co.jp